㊙ 先輩ママたちの声！

◆実際に受験をされた方からのアドバイスです。
ぜひ参考にしてください。

西武学園文理小学校

・難しい問題は、考えすぎないようにして、ほかの
指導しました。

・過去問の中に掲載されていた問題と似たような問題が出題されました。過去問をしっかりと解き、対策をとることが大切だと思いました。

・語彙力を必要とする感じがしました。読み聞かせをしながら、子どもがわからない言葉などが出てくると、そのたびにいっしょに調べたりしました。そのことが結果的にはよかったように思います。

・難しい問題が多いので、基礎力だけだはなく、応用力も必要だと思います。ある程度、似た傾向の問題が多いので、取りこぼしのないよう、しっかりと取り組むように心がけました。

星野学園小学校

・ペーパーテストの量が多いので、最後まで集中しているのが大変だったようです。

・説明会では名前を記入する機会もあり、受験に関する情報も得られるので、参加しておいた方が有利だと思います。

・面接では、当校の教育方針、「全人教育」への理解を問われました。その辺りの知識は身に付けていた方がよさそうです。

首都圏版㉗　最新入試に対応！家庭学習に最適の問題集!!

西武学園文理小学校

2020・2021 年度過去問題を掲載

星野学園小学校

2020・2021 年度過去問題を掲載

2022 年度版

過去問題集

<問題集の効果的な使い方>

①お子さまの学習を始める前に、まずは保護者の方が「入試問題」の傾向や難しさを確認・把握します。その際、すべての「学習のポイント」にも目を通しましょう。

②入試に必要なさまざまな分野学習を先に行い、基礎学力を養ってください。

③学力の定着が窺えたら「過去問題」にチャレンジ！

④お子さまの得意・苦手が分かったら、さらに分野学習をすすめレベルアップを図りましょう！

合格のための問題集

西武学園文理小学校

言語	Ｊｒ・ウォッチャー 60「言葉の音（おん）」
図形	Ｊｒ・ウォッチャー 46「回転図形」
常識	Ｊｒ・ウォッチャー 11「いろいろな仲間」
推理	Ｊｒ・ウォッチャー 33「シーソー」
お話の記憶	お話の記憶問題集 中級編・上級編

星野学園小学校

数量	Ｊｒ・ウォッチャー 42「一対多の対応」
推理	Ｊｒ・ウォッチャー 6「系列」
図形	Ｊｒ・ウォッチャー 10「四方からの観察」
常識	Ｊｒ・ウォッチャー 12「日常生活」
お話の記憶	1話5分の読み聞かせお話集①・②

日本学習図書（ニチガク）

目指せ！合格！

家庭学習ガイド
西武学園文理小学校

入試情報

募集人数：男女 96 名
応募者数：男子 309 名　女子 281 名
出題形態：ペーパー、ノンペーパー
面　　接：保護者・志願者
出題領域：ペーパー（言語、図形、常識、推理、お話の記憶、数量）、制作、運動、行動観察

入試対策

ペーパーテストは、言語、図形、常識、推理、お話の記憶、数量など、幅広い分野から出題されています。応用レベルの問題が多く出題されており、クロスワードや推理問題などが特に難問と言えます。そうした問題はすべて正解できなくても落ち込む必要はありません。それ以外の問題を確実に正解していけば合格ラインに達することができるでしょう。ペーパーテストの後、制作、運動、行動観察とノンペーパーテストが続きますが、ここでは課題に取り組む姿勢がカギになります。うまくできたかどうかという結果ではなく、どう取り組んだかという過程を大切にしてください。

●小学校入試とは思えない、「難問」が例年出題されています。どう対策すればよいか悩むところですが、基礎を徹底してできる問題を確実に正解するというのも１つの方法です。

●ノンペーパーテストは、例年大きな変化はなく、課題も難しいものではありません。傾向をつかんでおくことは大切ですが、どんな課題を行うかよりもどう取り組むかの方が大切だということを理解しておいてください。

●面接は、保護者と志願者がいっしょに行います。お子さまと充分にコミュニケーションをとって面接に臨んでください。

「西武学園文理小学校」について

＜合格のためのアドバイス＞

当校は、小・中・高の12年一貫教育の中で「世界のトップエリート」を育てることを目指しています。「英語のシャワー」と例え、力を入れている英語教育など、独自性の強い教育を行っており、系列高校は目覚しい進学実績を誇ります。しかし、「エリート教育＝学力・先取り教育」という安易な内容ではなく、心の教育を重んじ、日本人のアイデンティティを持って世界で活躍できる人材の育成を目指しています。そのために、当校では「心を育てる」「知性を育てる」「国際性を育てる」の３つに教育の重点を置いています。これらの教育の重点は保護者の教育観や人生観が重要になります。ですから、当校を志願する保護者は、当校の教育理念をしっかりと理解するとともに、学校と一体となって子どもを育てていくという意識を持つ必要があるでしょう。

2021年度の入学試験では、ペーパーテスト、制作、運動、行動観察、親子面接が行われました。ペーパーテストの特徴は、段階を踏んだ思考を必要とする複合問題が多く、体験、思考力、観察力、聞く力など、さまざまな力が求められることです。対策としては、具体物を使用して基礎基本をしっかりと定着させた上で、問題集などを利用して学力の伸ばす計画を立てることです。保護者の方は、ご自身で学校の過去問題をじっくり分析し、どのような力が求められているのかを理解した上で、お子さまを指導していきましょう。

面接では、併願校について必ず聞かれるようです。その答えによって合否に影響が出ることはないと思いますが、どう答えるか準備はしておいてください。保護者・志願者ともに「聞く」「話す」がしっかりできるように練習しておくとよいでしょう。

〈2021年度選考〉

◆ペーパー
◆制作
◆運動
◆行動観察
◆親子面接

◇過去の応募状況

2021年度	男子309名	女子281名
2020年度	男子269名	女子260名
2019年度	男子245名	女子197名

入試のチェックポイント

◇生まれ月の考慮…「あり」
◇受験番号…「願書受付順」

〈本書掲載分以外の過去問題〉

◆図形：２つの形を比べて、足りないところを書く。[2019年度]
◆常識：転んでケガをした時に使うものを選ぶ。[2019年度]
◆数量：レモン３個とブドウ２個とイチゴ１個を配る。何人に配ることができるか。[2019年度]
◆推理：ライオンさんはトラさんより足が速いです。ウマさんはトラさんより足が遅いです。１番足の速いのは誰。[2019年度]

目指せ！合格！

家庭学習ガイド

星野学園小学校

ペーパー　運動　制作　行動観察　親子面接

入試情報

募集人数：男女 80 名
応募者数：男子 107 名　女子 91 名
出題形態：ペーパー、ノンペーパー
面　　接：保護者・志願者
出題領域：ペーパー（お話の記憶、数量、推理、図形、常識）、運動、制作・行動観察

入試対策

ペーパーテストは、お話の記憶、数量、推理、図形、常識など、幅広い分野から出題されており、分野を絞った対策がしにくいとも言えますが、各分野の基礎をしっかり学習しておけば大丈夫と言うこともできます。ペーパーテスト以外には、運動テスト、制作・行動観察が行われています。運動テストでは、さまざまな指示を盛り込んだサーキット運動が例年出題されています。年齢なりの能力の有無を観点としています。行動観察では、「動物のものまね」という課題が出題されています。恥ずかしがらずに行うことができれば、ものまねの出来が評価されることはまずありませんから、問題はないでしょう。

- 入学試験全体の構成に大きな変化はないので、過去に出題された問題をしっかりと分析しておきましょう。

- 面接は、保護者と志願者がいっしょに行います。学校の建学の精神や教育方針の理解度を問われるので準備しておきましょう。

- 面接のはじめに、名前、誕生日、幼稚園名、担任の先生の名前をまとめて質問されて、志願者が戸惑ってしまうということもあったようです。

「星野学園小学校」について

〈合格のためのアドバイス〉

当校は、「よく考え、進んで学ぶ子ども／明るく健康な子ども／広いこころを持ち思いやりのある子ども／礼儀正しく、あいさつのしっかりできる子ども」を教育目標とし、小・中・高の12年間の一貫教育の中で「情操教育」「学力養成教育」「英語教育」の３つを教育の柱に児童１人ひとりの成長を実現することを目指しています。１年生では学習の習慣を付けることから始まり、基礎作りを徹底。高学年になると中学校での学習を意識した英検５級取得などの内容も盛り込まれます。そういった学校の教育方針を理解し、学校教育と家庭教育の調和を図ることを大切にできるご家庭の児童を求めています。

2021年度の入学試験では、ペーパーテスト、運動テスト、制作・行動観察、保護者・志願者面接が行われました。ペーパーテストの特徴は、出題分野の範囲が広いことです。対策としては、過去問題集で出題分野の傾向を把握した上で、広い範囲の問題練習を行いましょう。図形や数量の問題では、具体物を使用して基礎をしっかりと定着させた上で、問題集などを利用して学力の伸ばすようにしてください。保護者の方は、ご自身で学校の過去問題をじっくり分析し、どのような力が求められているのかを理解した上で、学習を進めましょう。

制作では、例年ハサミやのりを使った切り貼りする課題が出題され、作ったものは、次の行動観察の課題で使用します。日頃の学習ではお子さまが描いた絵を使って「ものまね」をさせてみるなど、制作と行動観察を結びつけた学習を行うというのも当校の対策として有効でしょう。

運動では、基本的な運動課題と指示を聞く力が求められます。過去問題集を参考にして学習・練習をしておきましょう。

〈2021年度選考〉

◆ペーパー
◆運動
◆制作・行動観察
◆親子面接

◇過去の応募状況

2021年度	男子 107名	女子 91名
2020年度	男子 92名	女子 93名
2019年度	男子 93名	女子 94名

入試のチェックポイント

◇生まれ月の考慮…「あり」
◇受験番号…「願書受付順」

〈本書掲載分以外の過去問題〉

◆数量：ミカン（リンゴ）の数が１番多い四角を選ぶ。[2019年度]
◆数量：３人の子どもがごはんを食べる時に必要な箸の数を選ぶ。[2019年度]
◆推理：箱に入ると数と形が変わる。どう変わるかを書く。[2019年度]
◆推理：コップの水が１番多いものを選ぶ。[2019年度]
◆図形：折り紙を折って黒い部分を切り取り、広げたときの形を選ぶ。[2019年度]
◆言語：左、真ん中、右とつながるものを線で結ぶ（しりとり）。[2019年度]
◆言語：同じ数え方をするものを線で結ぶ。[2019年度]
◆常識：食べる時に使うものを選ぶ。[2019年度]

西武学園文理小学校
星野学園小学校

過去問題集

〈はじめに〉

現在、少子化が叫ばれているにもかかわらず、私立・国立小学校の入学試験には一定の応募者があります。入試は、ただやみくもに学習するだけでは成果を得ることはできません。志望校の過去における出題傾向を研究・把握した上で、練習を進めていくこと、その上で試験までに志願者の不得意分野を克服していくことが必須条件です。そこで、本問題集は小学校を受験される方々に、志望校の出題傾向をより詳しく知って頂くために、過去に遡り出題頻度の高い問題を結集いたしました。最新のデータを含む精選された過去問題集で実力をお付けください。

また、志望校の選択には弊社発行の「**2022年度版　首都圏・東日本　国立・私立小学校　進学のてびき**」をぜひ参考になさってください。

〈本書ご使用方法〉

◆出題者は出題前に一度問題を通読し、出題内容などを把握した上で、〈 準 備 〉の欄に表記してあるものを用意してから始めてください。
◆お子さまに絵の頁を渡し、出題者が問題文を読む形式で出題してください。問題を読んだ後で、絵の頁を渡す問題もありますのでご注意ください。
◆「**分野**」は、問題の分野を表しています。弊社の問題集の分野に対応していますので、復習の際の目安にお役立てください。
◆一部の描画や工作、常識等の問題については、解答が省略されているものがあります。お子さまの答えが成り立つか、出題者が各自でご判断ください。
◆〈 時 間 〉につきましては、目安とお考えください。
◆解答右端の［**〇年度**］は、問題の出題年度です。［**2021年度**］は、「2020年の秋から冬にかけて行われた2021年度入学志望者向けの考査で出題された問題」という意味です。
◆**学習のポイント**は、指導の際にご参考にしてください。
◆**【おすすめ問題集】**は各問題の基礎力養成や実力アップにご使用ください。

〈本書ご使用にあたっての注意点〉

◆文中に**この問題の絵は縦に使用してください。**と記載してある問題の絵は縦にしてお使いください。
◆〈 準 備 〉の欄で、クレヨンと表記してある場合は12色程度のものを、画用紙と表記してある場合は白い画用紙をご用意ください。
◆文中に**この問題の絵はありません。**と記載してある問題には絵の頁がありませんので、ご注意ください。なお、問題の絵の右上にある番号が連番でなくても、中央下の頁番号が連番の場合は落丁ではありません。
下記一覧表の●が付いている問題は絵がありません。

問題1	問題2	問題3	問題4	問題5	問題6	問題7	問題8	問題9	問題10
								●	
問題11	問題12	問題13	問題14	問題15	問題16	問題17	問題18	問題19	問題20
●	●								
問題21	問題22	問題23	問題24	問題25	問題26	問題27	問題28	問題29	問題30
	●	●							
問題31	問題32	問題33	問題34	問題35	問題36	問題37	問題38	問題39	問題40
					●	●			
問題41	問題42	問題43	問題44	問題45	問題46	問題47	問題48	問題49	問題50
									●
問題51									
●									

◎学習効果を上げるため、前掲の「家庭学習ガイド」及び「合格のためのアドバイス」をお読みになり、各校が実施する入試の出題傾向を、よく把握した上で問題に取り組んでください。
◎冒頭の「本書ご使用方法」「本書ご使用にあたっての注意点」も併せてご覧ください。

〈西武学園文理小学校〉

2021年度の最新問題

問題1　分野：言語（クロスワード）

〈準備〉　サインペン

〈問題〉　左の四角の中のマス目には右の四角の中にある絵の名前が入ります。また、太く囲まれたマス目には同じ音が重なって入ります。左の四角の中のマス目のそれぞれの印のところにはどんな名前が入るでしょうか。その絵を右の四角の中から選んでその印を書いてください。

〈時間〉　各40秒

問題2　分野：図形（回転図形）

〈準備〉　サインペン

〈問題〉　1番上の段の見本を見てください。左の形を不思議な虫眼鏡で見ると右の形になります。
①②左の形を不思議な虫眼鏡で見るとどんな形になるでしょうか。選んで○をつけてください。
③　左の形を不思議な虫眼鏡で見るとどんな形になるでしょうか。マス目に印を書いてください。間違えてしまった場合は、×印をつけて新しいマス目に書き直してください。

〈時間〉　①②各30秒　③1分

問題3　分野：言語（頭音探し）・常識（いろいろな仲間）

〈準備〉　サインペン

〈問題〉　左の絵とはじめの音が同じものに○を、同じ仲間のものに×をつけてください。

〈時間〉　各30秒

問題4　分野：常識（いろいろな仲間）

〈準備〉　サインペン

〈問題〉　四角の中の絵に関係あるものをそれぞれ線でつないでください。ただし、線同士が重なってはいけません。

〈時間〉　１分30秒

問題5　分野：推理（位置の移動）

〈準備〉　サインペン

〈問題〉　上の段の見本を見てください。△は１段上がります。▽は１段下がります。▲は２段上がります。▼は２段下がります。
キツネが印の通りに移動するとどこに着くでしょうか。その位置に色を塗ってください。ただし、１度通ったところに戻ることはできません。

〈時間〉　１分

問題6　分野：お話の記憶

〈準備〉　サインペン

〈問題〉　お話を聞いて、後の質問に答えてください。

リスくんは４人家族。お父さんとお母さんと妹といっしょに暮らしています。今日は日曜日。朝からとってもいい天気だったのですが、急に空が暗くなってきました。お母さんが慌てて「雨が降りそうだから洗濯物をお家に入れて」と言いました。リスくんは、お母さんといっしょに洗濯物を取り込みました。そうするとすぐに雨が降ってきました。リスくんは「洗濯物が濡れなくてよかったね」とお母さんに言うと、「手伝ってくれたおかげよ。ありがとう」と言って、ご褒美にイチゴのアイスをくれました。妹が「私も欲しい！」と言ったので、半分分けてあげました。庭を見ると、アジサイの花が雨に濡れてキラキラ輝いて見えました。
雨で外に行けないのでお家にいると、お父さんが「トランプをしよう」と声をかけてきました。リスくんも妹も「やる！」と喜んでいます。「何をしようか」とお父さんが聞くと、妹は「ババ抜きがいい！」と言い、リスくんは「七並べがしたい」と言いました。お父さんは「じゃあジャンケンで決めなさい」と言ったので、ジャンケンをすると妹が勝ちました。お母さんも呼んで、みんなでトランプを楽しみました。
遊んでいるうちに雨はやみ、太陽が出てきました。リスくんは「晴れたから公園に遊びに行く！」と言って出ていこうとしましたが、お母さんが「外は暑いからこれを持っていきなさい」と水筒を渡してくれました。公園に着くと、ネコさん、キツネくん、クマさん、サルくんが遊んでいました。リスくんもみんなといっしょに遊ぶことにしました。すべり台で遊んで、ブランコに乗り、ジャングルジムにも登りました。遊んでいるうちに夕方になったので、みんなは「また、遊ぼうね」と言ってお家に帰りました。
お家に着くと、晩ごはんの準備ができていました。今日はカレーライスです。それだけではなく、唐揚げもあります。とってもおいしかったので、リスくんは唐揚げを３つも食べてしまいました。お父さんとお母さんは２つずつ、妹は１つ食べました。ごはんを食べた後、お母さんが絵本を読んでくれました。お話は「桃太郎」です。お話を聞いているうちに妹は眠ってしまいました。「今日はここまでにしましょう」とお母さんが言ったので、お話の途中で終わってしまいました。リスくんはもっと聞いていたかったので残念に思いました。

（問題６の絵を渡す）
①このお話に出てこなかった動物はどれでしょうか。選んで○をつけてください。
②このお話の季節と同じものはどれでしょうか。選んで○をつけてください。
③リスくんが公園に持っていったものは何でしょうか。選んで○をつけてください。
④リスくんの家族は晩ごはんに唐揚げをいくつ食べたでしょうか。その数の分だけ○を書いてください。
⑤お母さんが読んでくれた絵本に出てこなかったものはどれでしょうか。選んで○をつけてください。
⑥これから言うことがお話と合っていれば○を、間違っていたら×をそれぞれの印のところに書いてください。
イチゴ「お庭に咲いていたのはヒマワリの花です」
リンゴ「リスくんと妹が食べたのはチョコレートです」
バナナ「家族で遊んだトランプはババ抜きです」

〈時 間〉　各20秒

問題７　分野：数量（たし算・ひき算）

〈準 備〉　サインペン

〈問 題〉　くだものの真ん中に回るテーブルがあります。ただし、回るのは外側だけです。
①テーブルがイチゴのところからブドウのところまで回りました。ブドウのところには合わせていくつ☆があるでしょうか。その数の分だけ○を書いてください。
②テーブルがリンゴのところからミカンのところまで回りました。バナナのところにある外側と内側の☆の数はいくつ違うでしょうか。その数の分だけ○を書いてください。
③サクランボのところにある☆の数を合わせて９個にするためには、サクランボのところからどのくだもののところまでテーブルを回せばよいでしょうか。選んで○をつけてください。

〈時 間〉　各30秒

問題８　分野：推理（シーソー）

〈準 備〉　サインペン

〈問 題〉　１番上の段を見てください。このようにシーソーがつり合っています。
①②この絵のように形が載っている時、シーソーはどちらに傾くでしょうか。傾く方に○をつけてください。シーソーがつり合う時は真ん中に○をつけてください。
③　左側にこの形が載っている時、右側に□をいくつ載せるとつり合うでしょうか。右側にその数の分だけ□を書いてください。

〈時 間〉　①②各１分　③１分30秒

問題9　分野：制作（絵画）

〈準 備〉　クーピーペン（12色）

〈問 題〉　**この問題の絵はありません。**

「最近できるようになったこと」「今がんばっていること」「家族で行きたいところ」「コロナが終わったらしたいこと」などの課題に沿った絵を描く。描き終わった後、描いた絵についての質問がある。

〈時 間〉　適宜

問題10　分野：運動

〈準 備〉　階段、マット、鉄棒、平均台、フープ

〈問 題〉　**この問題は絵を参考にしてください。**

【サーキット運動】
①階段（３段）を登りマットに飛び降りる。
②鉄棒にぶら下がる（５秒間）。
③飛行機のポーズをとる。
④平均台を渡る。
⑤ケンパーをする。
⑥後ろ向きで進み、先生の合図で前を向いてスキップをする。

〈時 間〉　適宜

問題11　分野：行動観察

〈準 備〉　ビニールテープで４×４のマス目（１マス１メートル程度）を作る。

〈問 題〉　**この問題の絵はありません。**

（３人１組で行う）
【オニごっこ】
マス目の中でオニごっこをする。逃げる人が１マス動くとオニも１マス動くことができる。動けるのは前後左右のみ（斜めには動けない）。オニと逃げる人が同じマスに入ったらオニに捕まったことになり、オニを交代する。

〈時 間〉　適宜

家庭学習のコツ①　「先輩ママのアドバイス」を読みましょう！

本書冒頭の「先輩ママのアドバイス」には、実際に試験を経験された方の貴重なお話が掲載されています。対策学習への取り組み方だけでなく、試験場の雰囲気や会場での過ごし方、お子さまの健康管理、家庭学習の方法など、さまざまなことがらについてのアドバイスもあります。先輩ママの体験談、アドバイスに学び、ステップアップを図りましょう！

問題12　分野：親子面接

〈準備〉　なし

〈問題〉　**この問題の絵はありません。**

【保護者へ】
・本校を選んだ理由をお聞かせください。
・本校のほかに併願校はありますか。
・通っている幼稚園（保育園）を選ばれた理由を教えてください。
・お子さまは幼児教室に通っていますか。
・どこの幼児教室に通っていましたか。
・幼児教室に通ってお子さまに変化はありましたか。
・どのようなお仕事をされていますか。
・お休みの日はどのように過ごされていますか。

【志願者へ】
・お名前を教えてください。
・生年月日と住所を教えてください。
・幼稚園（保育園）の担任の先生のお名前を教えてください。
・幼稚園（保育園）では何をして遊びますか。
・お父さんとお母さんとお休みの日に何をして遊びますか。
・お家でどんなお手伝いをしていますか。
・大きくなったら何になりたいですか。それはなぜですか。
・好きな本は何ですか。その本をなぜ好きなのですか。

〈時間〉　15分程度

家庭学習のコツ②　「家庭学習ガイド」はママの味方！

問題演習を始める前に、試験の概要をまとめた「家庭学習ガイド（本書カラーページに掲載）」を読みましょう。「家庭学習ガイド」には、応募者数や試験課目の詳細のほか、学習を進める上で重要な情報が掲載されています。それらの情報で入試の傾向をつかみ、学習の方針を立ててから、対策学習を始めてください。

問題 1

①

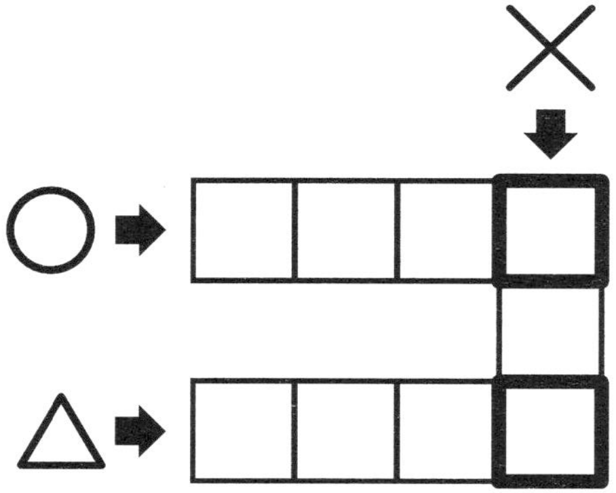

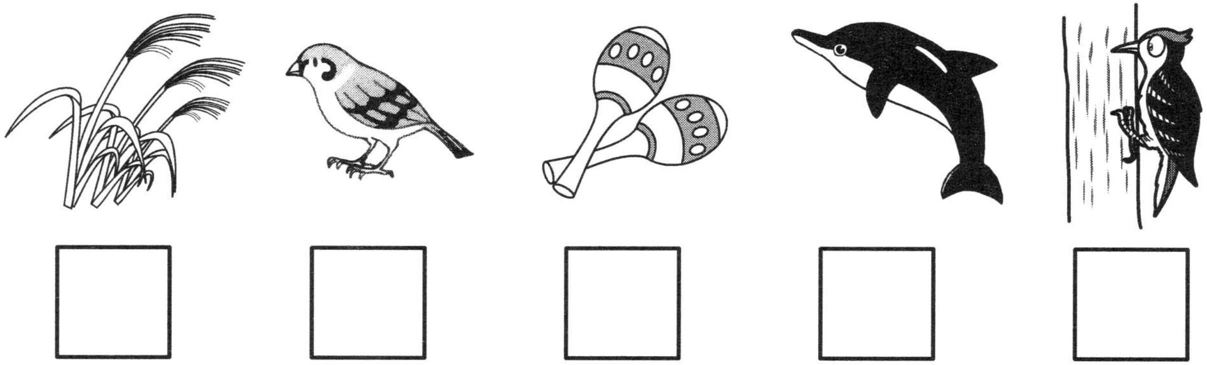

②

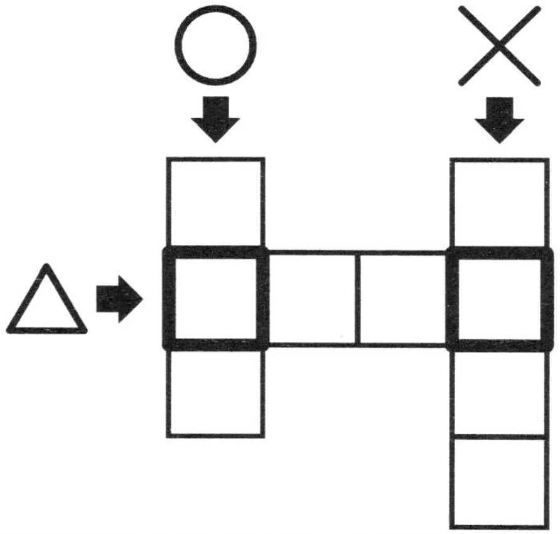

③

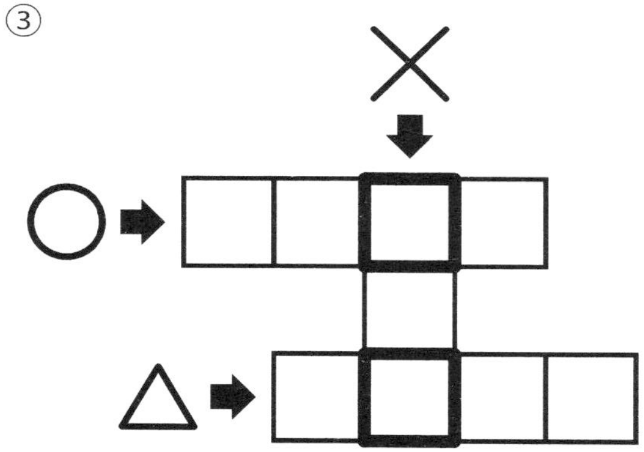

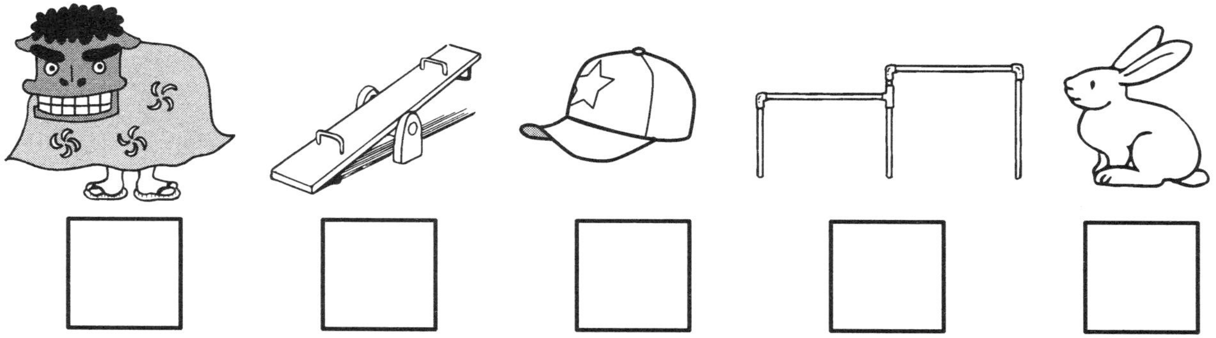

問題 2

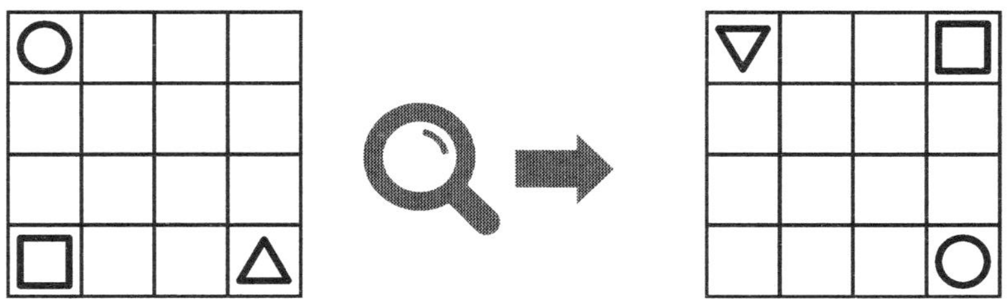

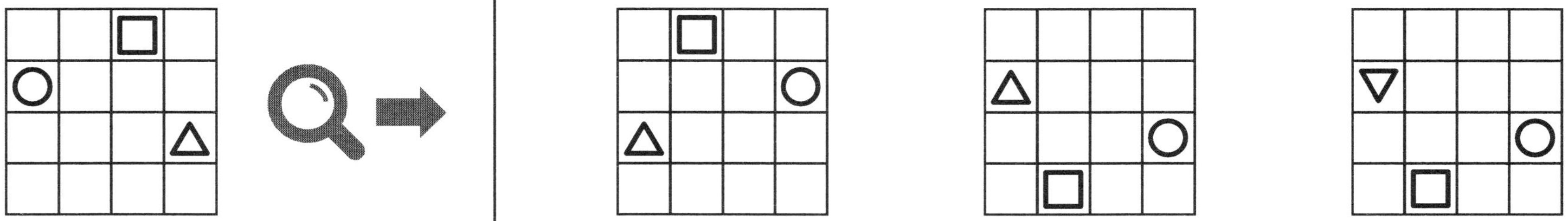

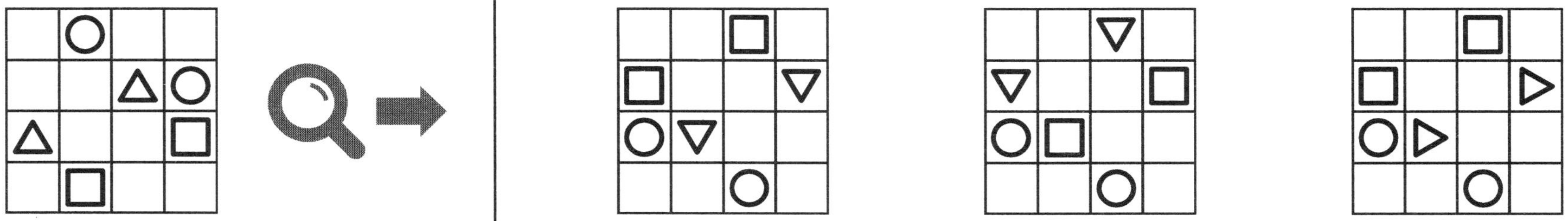

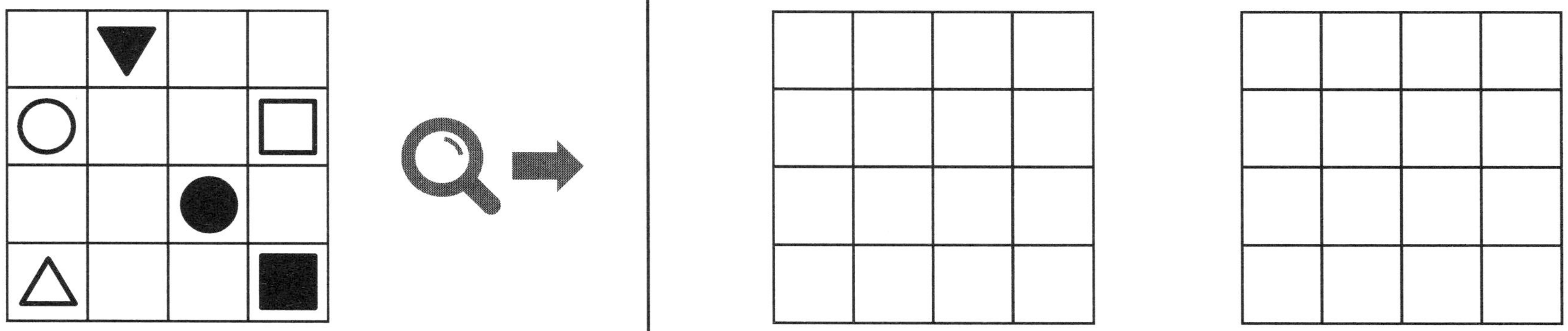

☆西武学園文理小学校

2022年度　西武文理・星野学園　過去　無断複製／転載を禁ずる　　日本学習図書株式会社

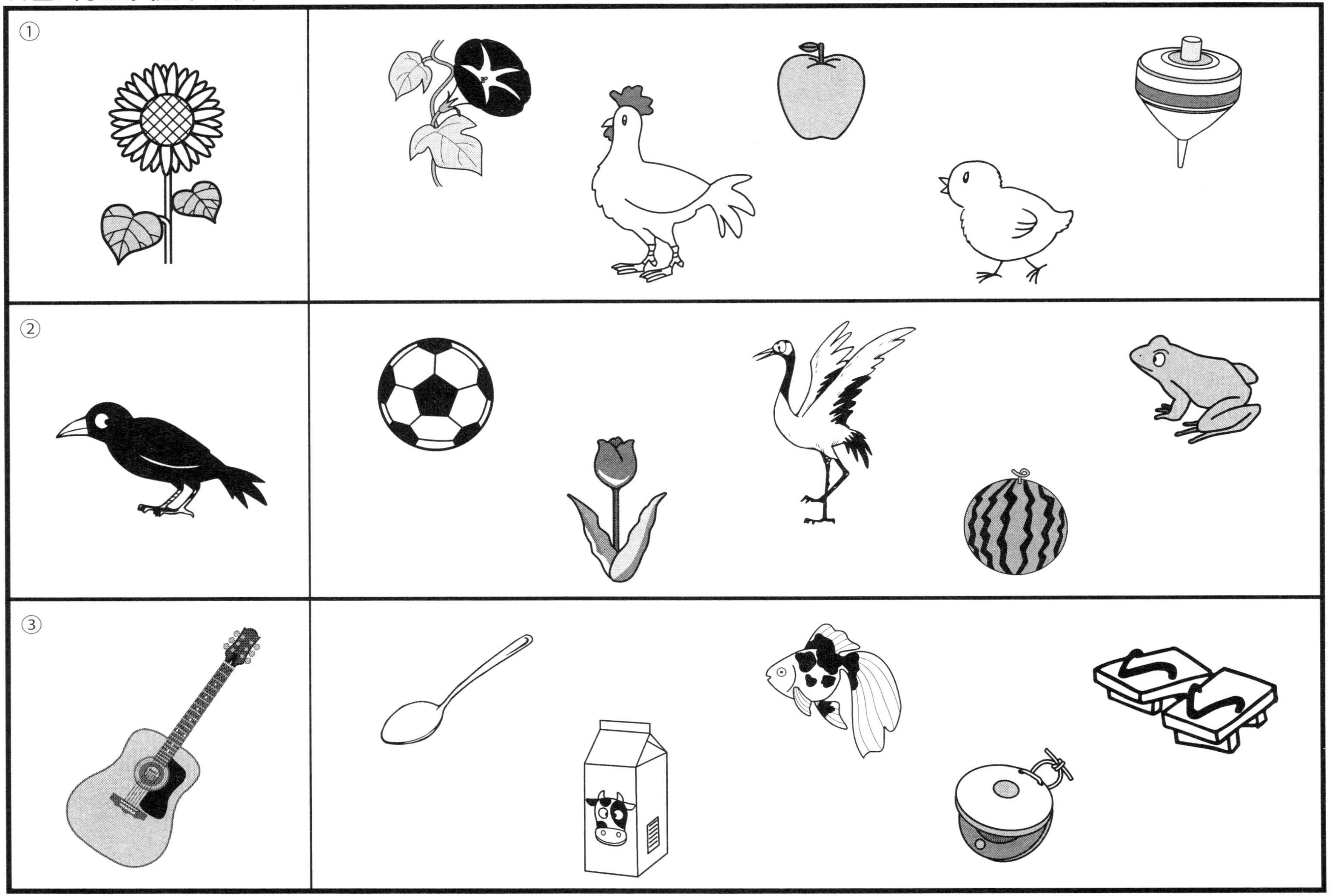

問題 4

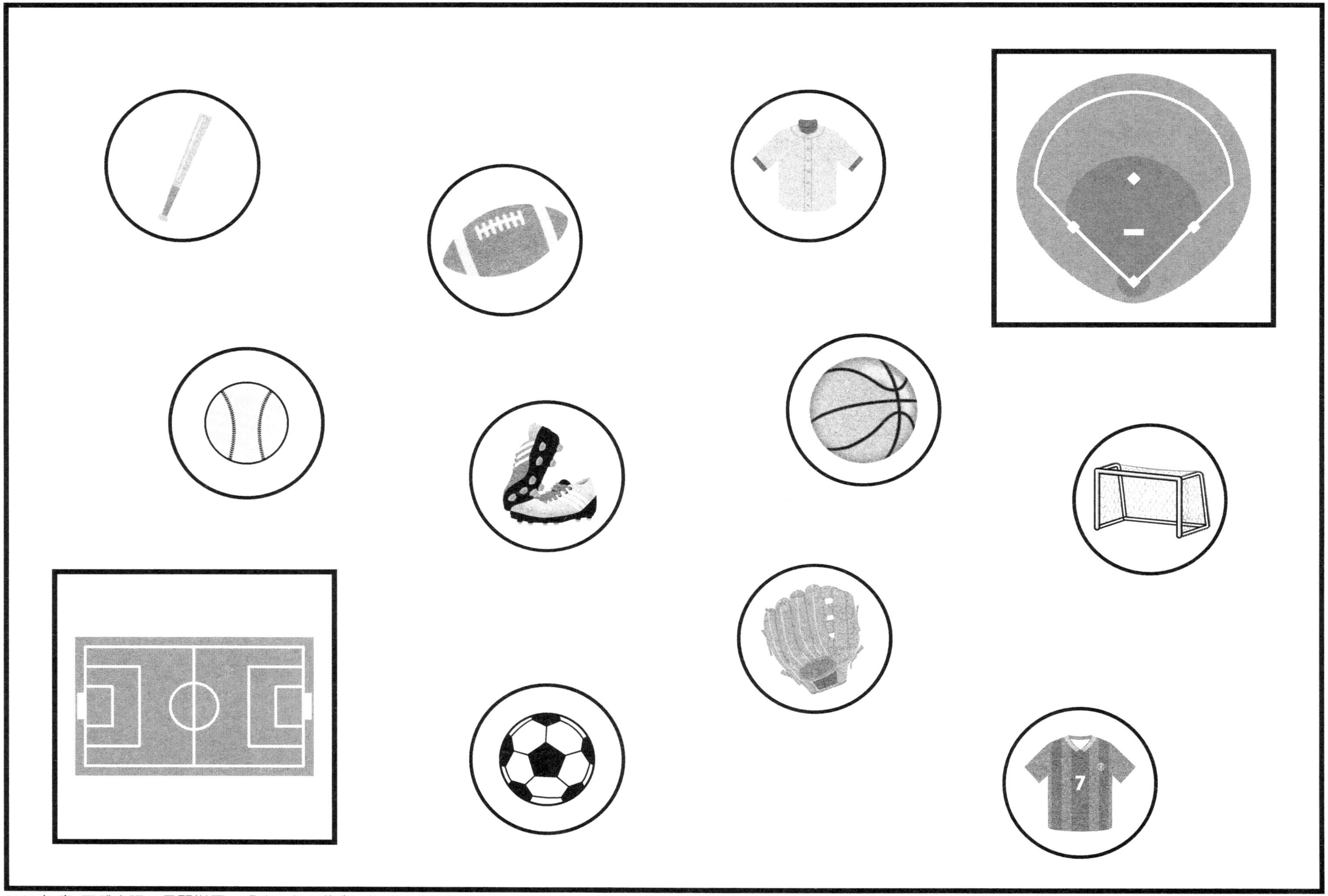

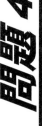

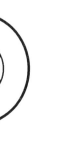

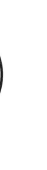

☆西武学園文理小学校

問題5

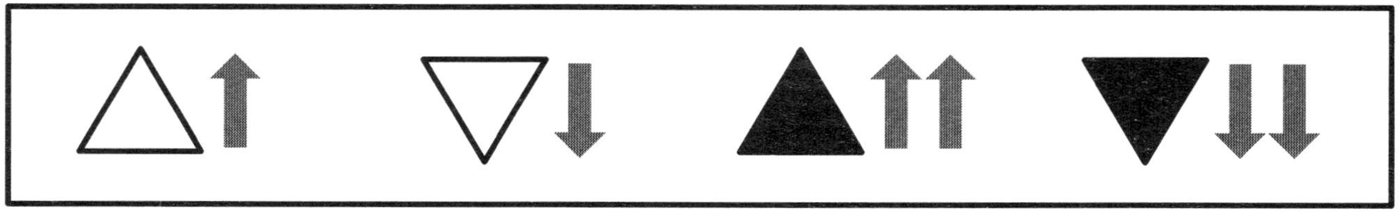

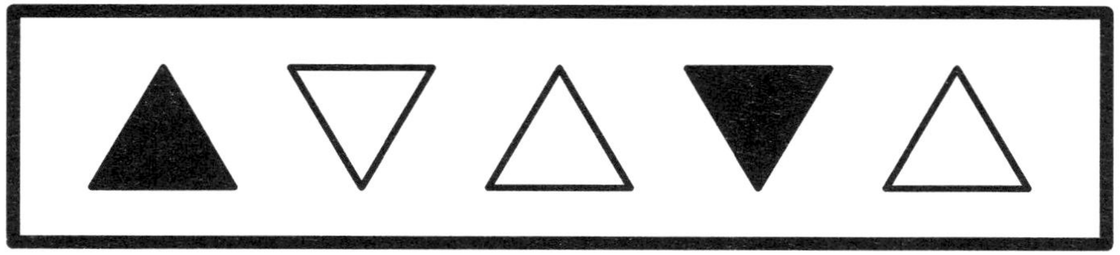

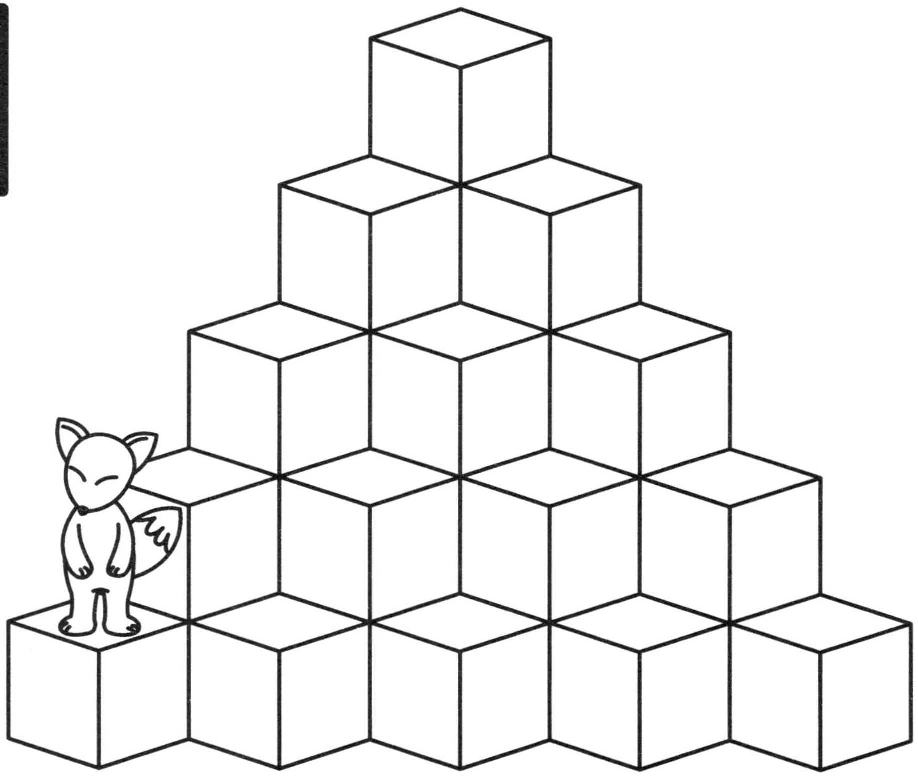

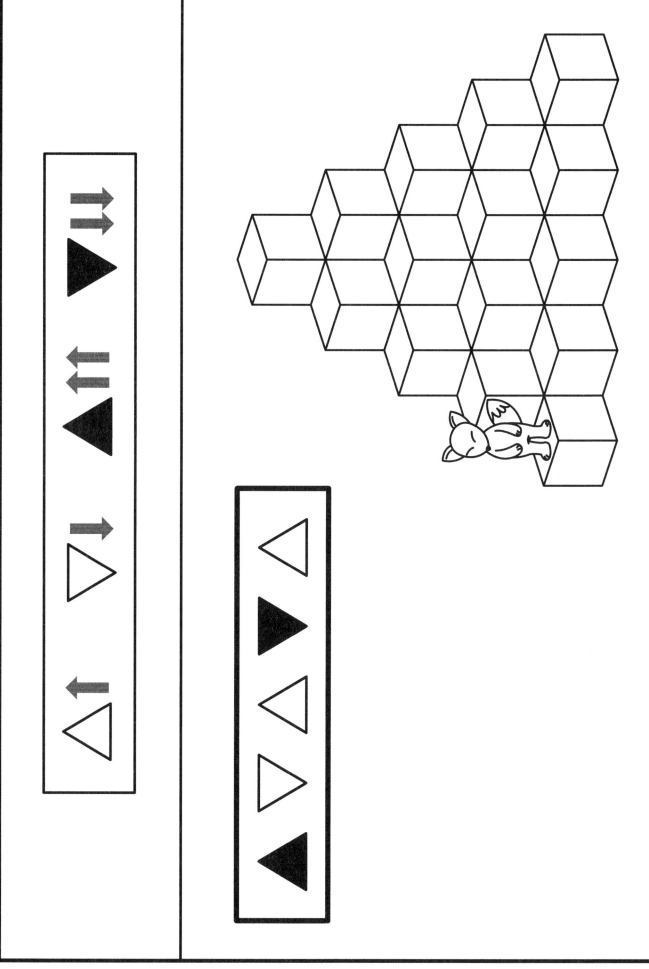

①

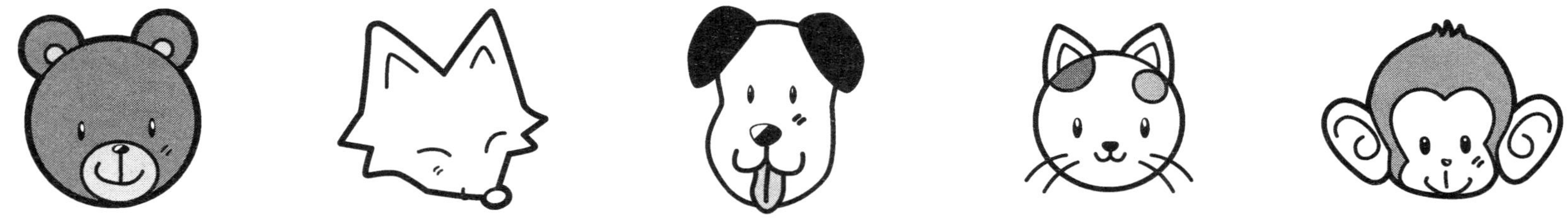

②

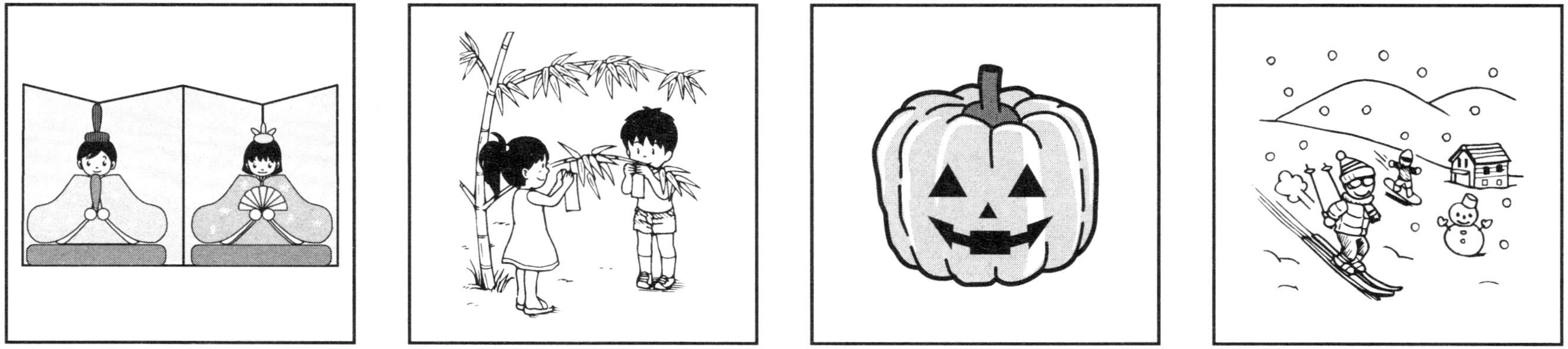

③

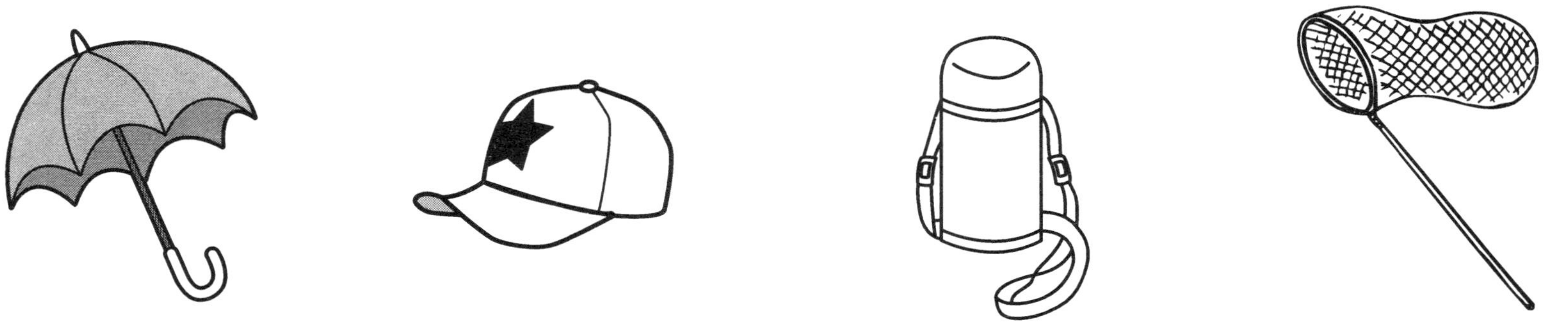

④

⑤

⑥

2022年度 西武文理 西武文理・星野学園 過去 無断複製／転載を禁ずる 日本学習図書株式会社

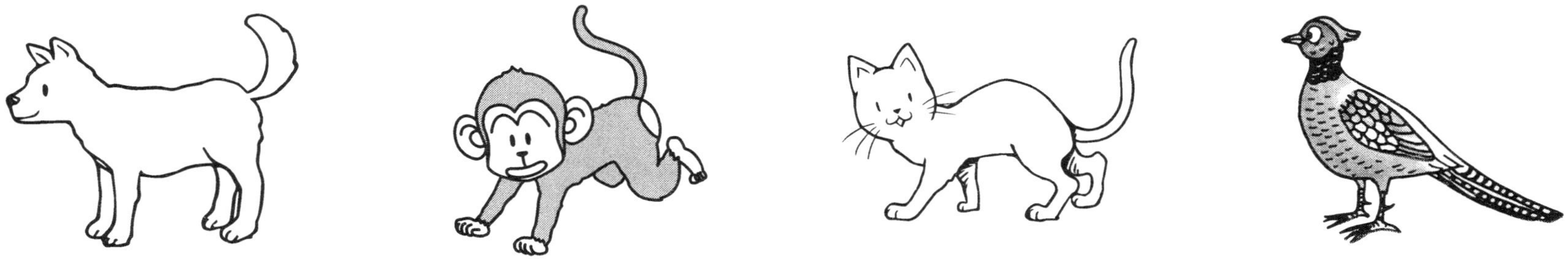

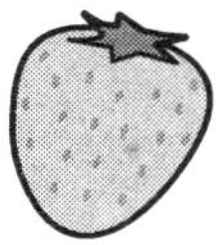

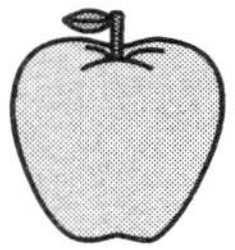

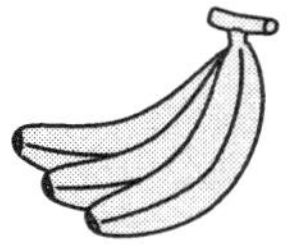

問題 7

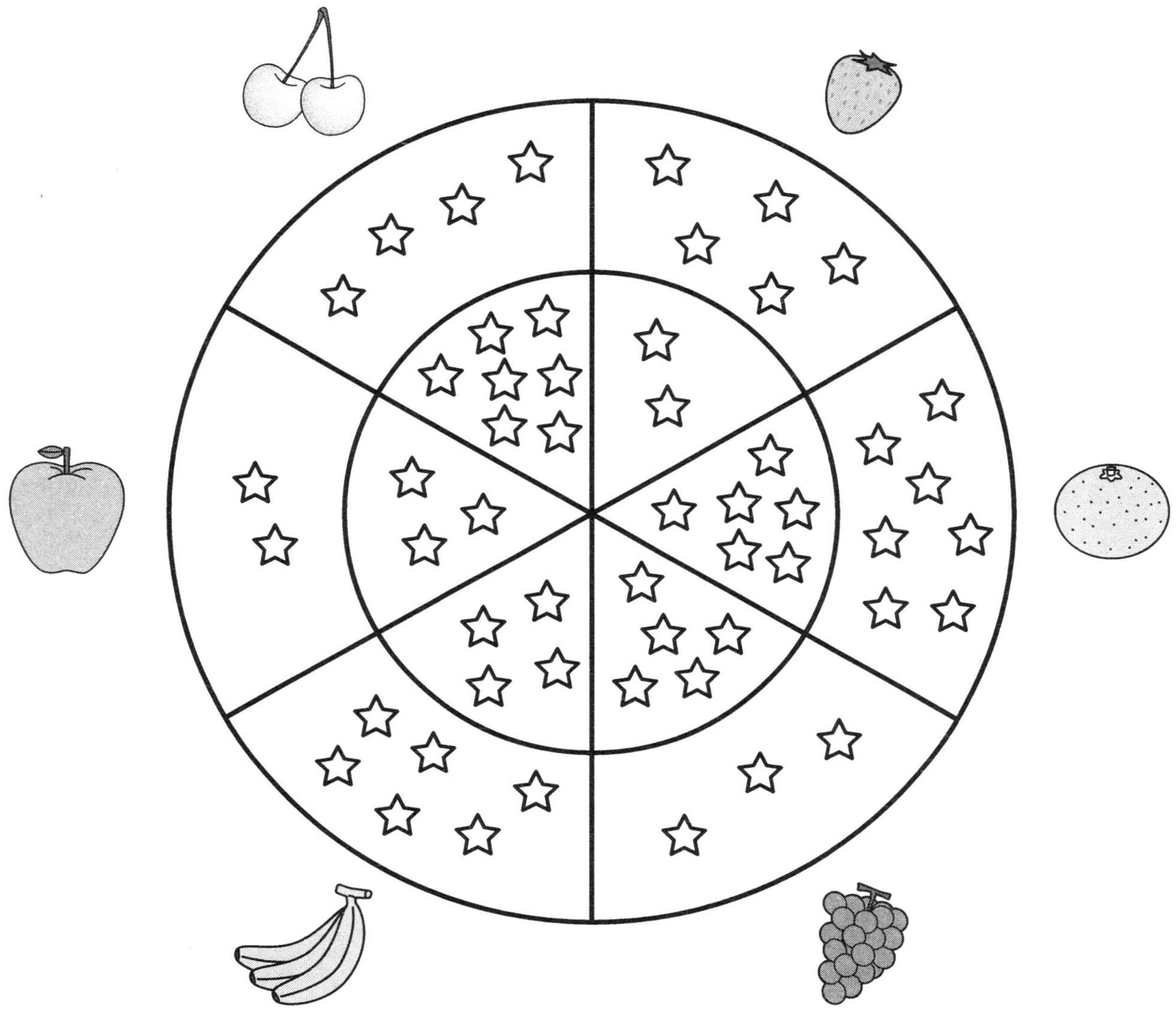

①

②

③

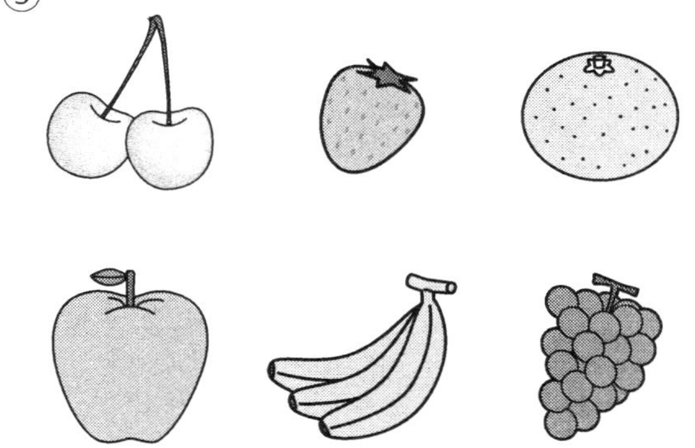

　

日本学習図書株式会社

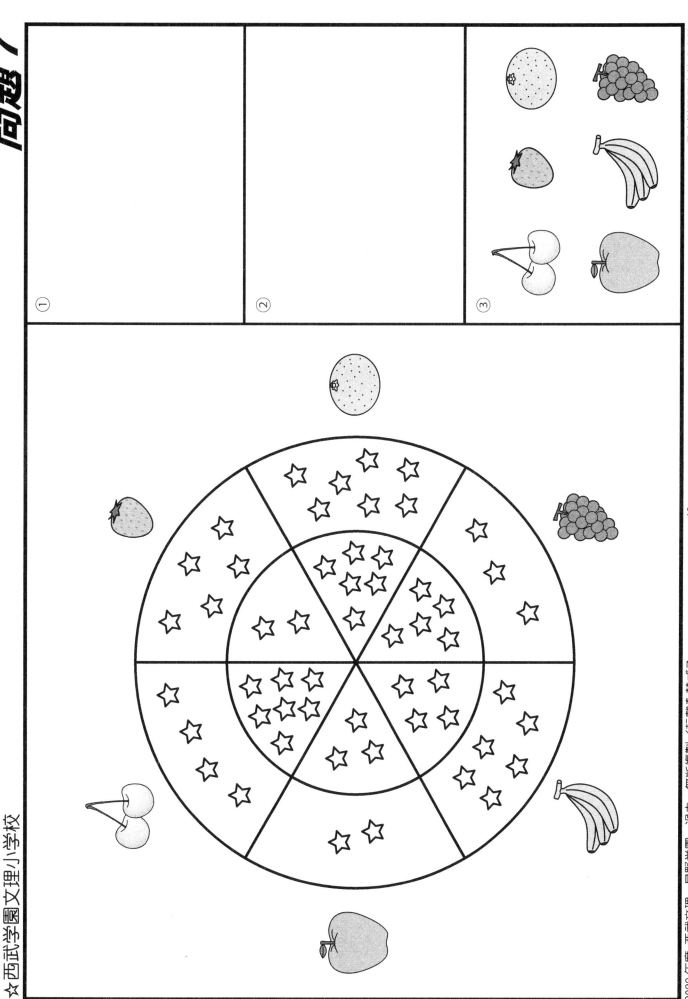

☆西武学園文理小学校

2022 年度 西武文理・星野学園 過去 無断複製／転載を禁ずる 日本学習図書株式会社

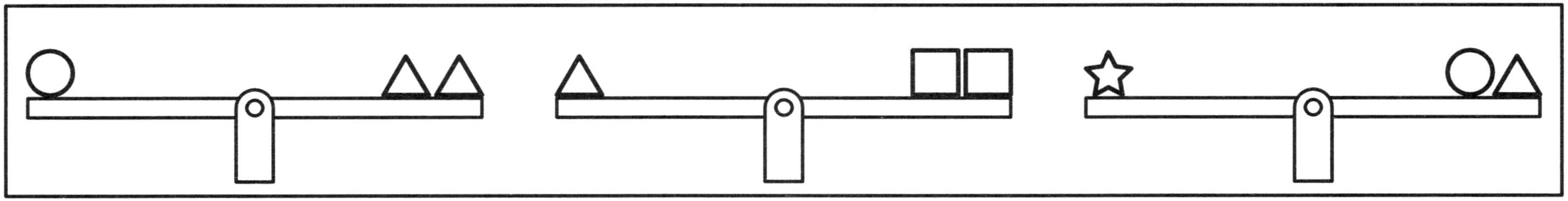

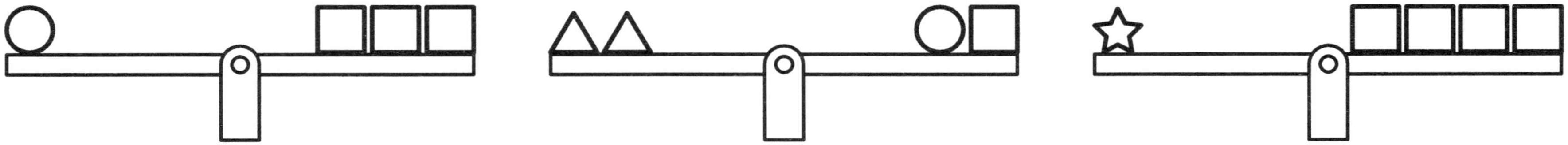

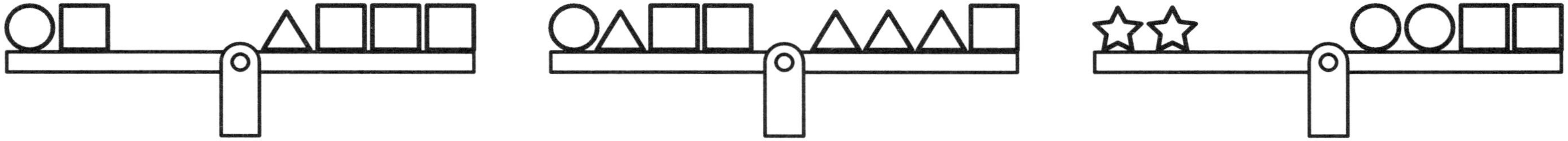

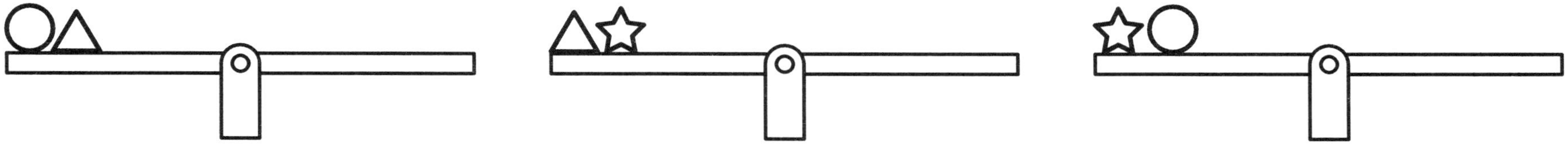

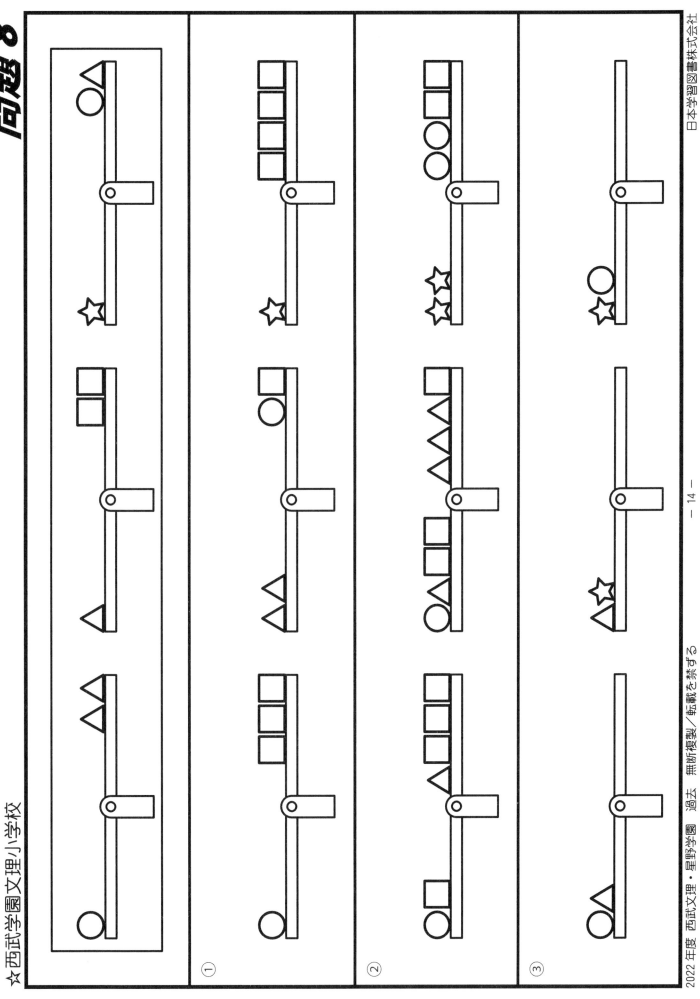

問題１０

①階段登り→飛び降り

②鉄棒ぶら下がり

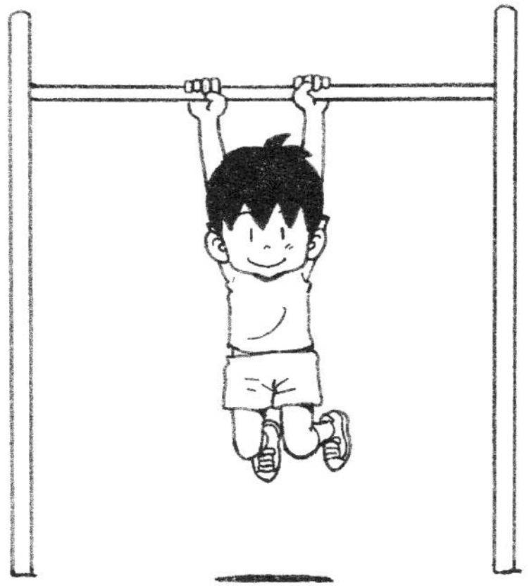

③飛行機のポーズ

④平均台渡り

⑤ケンパー

⑥後ろ歩き→スキップ

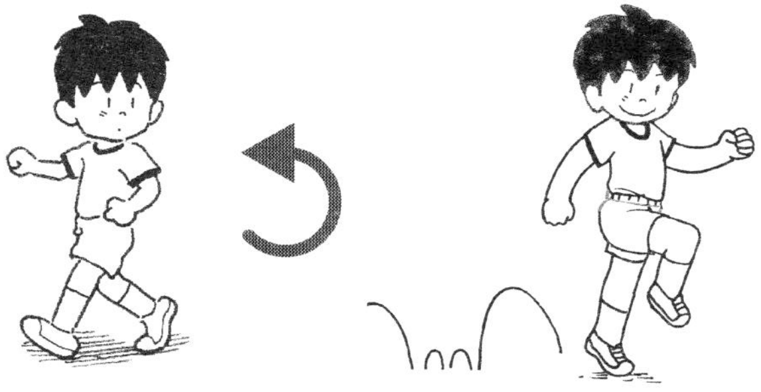

2021年度入試
解答例・学習アドバイス

解答例では、制作・巧緻性・行動観察・運動といった分野の問題の答えは省略されています。こうした問題では、各問のアドバイスを参照し、保護者の方がお子さまの答えを判断してください。

問題1　分野：言語（クロスワード）

〈解 答〉　下図参照

当校ではおなじみのクロスワード問題です。クロスワードという形ではありますが、考え方の基本はしりとりと頭音（尾音）探しの組み合わせになります。例えば、①では○と×はしりとりでつながり、×と△尾音でつながっています。お子さまは文字で考えられない分少し難しさはあるものの、しりとりや頭音（尾音）探しといった言語問題の基本的な考え方を理解していれば充分に対応できます。こうした、一見複雑そうな問題でも、基本がしっかりしていれば慌てる必要はありません。ちなみに今年度の入試では、日程によってクロスワードが出題されなかったこともあったようです。

【おすすめ問題集】
Ｊｒ・ウォッチャー17「言葉の音遊び」、18「いろいろな言葉」、
49「しりとり」、60「言葉の音（おん）」

家庭学習のコツ③　効果的な学習方法～問題集を通読する

過去問題集を始めるにあたり、いきなり問題に取り組んではいませんか？　それでは本書を有効活用しているとは言えません。まず、保護者の方が、すべてを一通り読み、当校の傾向、ポイント、問題のアドバイスを頭に入れてください。そうすることにより、保護者の方の指導力がアップします。また、日常生活のさまざまなことから、保護者の方自身が「作問」することができるようになっていきます。

問題2　分野：図形（回転図形）

〈解答〉　下図参照

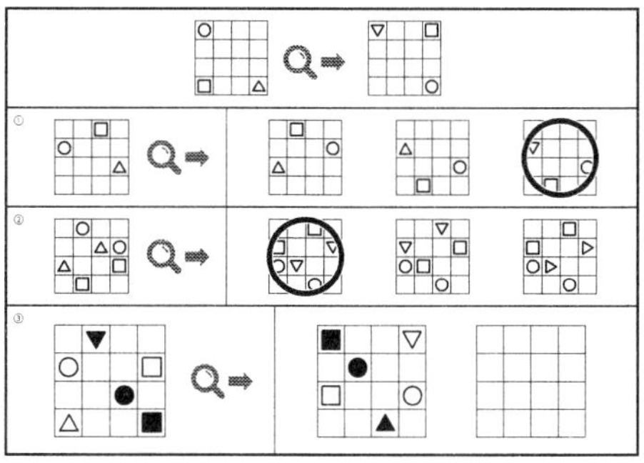

出題の仕方が推理問題のブラックボックスのような回転図形の問題です。保護者の方は、問題集に回転図形と書いてあるのですぐに理解できますが、実際の試験では何の問題かはわかりません。問題には回す（倒す）という回転図形ではおなじみの言葉も使われていません。形を見てどういう変化をしたのかを考えなければいけないのです。何を問われているのかを考えさせることが本問の出題意図と言うこともできます。ご家庭で学習に取り組む時も、どんな問題を解くのかを説明せず、お子さま自身に考えさせるようにしてみると、こうした問題への対応力を付けることができます。

【おすすめ問題集】

Ｊｒ・ウォッチャー32「ブラックボックス」、46「回転図形」

問題3　言語（頭音探し）・常識（いろいろな仲間）

〈解答〉　下図参照

こうした複合問題は指示が複数出されることが多いので、答えはわかっているのに解答方法を間違えてしまったりすることがあります。まずは、しっかりと問題を聞くようにしましょう。何に○をつけるのか、何に×をつけるのかを常に頭に置きながら問題に取り組んでいく必要があります。解答を考えながら解答方法にも気を付けていくことは、お子さまにとっては意外と難しい作業だったりします。複数のことが同時に考えられるように、お手伝いなどの時にまとめて指示を出してみたりするとよいでしょう。それは話をよく聞くというトレーニングにもなるので一石二鳥です。

【おすすめ問題集】

Ｊｒ・ウォッチャー11「いろいろな仲間」、17「言葉の音遊び」、
60「言葉の音（おん）」

問題4　分野：常識（いろいろな仲間）

〈解答〉　下図参照（解答例）

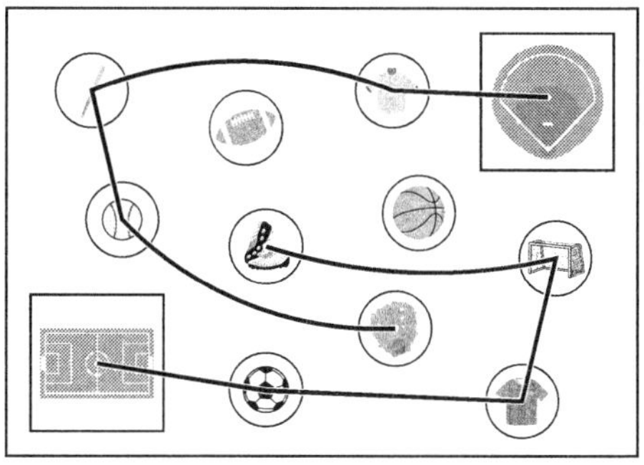

当校では同じ分野の問題でも出題の仕方や複合的な形をとって複数問出題されることがあります。本問も問題４と同様にいろいろな仲間（仲間探し）の問題ですが、問題自体の難しさではなく、解答方法への対応が中心になっていると言えるでしょう。問題を最後まで聞かず、「～線でつないでください」のところで解答を始めてしまうと、後々大変なことになってしまうかもしれません。答えはわかると思うので、どうやったら重ならないように線を引くことができるかが本問のポイントになります。当校はサインペンを使用するので、ペン先を紙に当てたままにしておくとインクが滲んでしまいます。考える時はペンを紙から離すようにしてください。細かなことですが注意しておきましょう。

【おすすめ問題集】

Ｊｒ・ウォッチャー11「いろいろな仲間」、31「推理思考」

問題5　分野：推理（位置の移動）

〈解答〉　下図参照

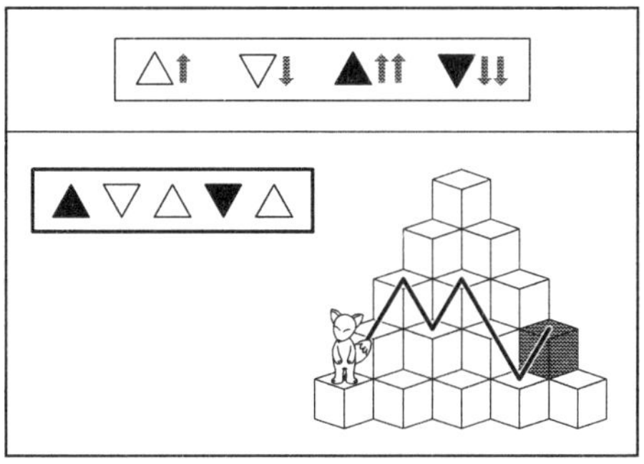

当校では、他校では見たことのないような問題がよく出題されます。座標の移動や地図の移動など、指示にしたがってコマを動かすという問題は時折見かけますが、それらは平面上の移動です。本問は立体での移動となるので難しさは数段上がります。ただ、指示通りに動けばルートは１つだけです。しっかりと指示を理解して進めていけば解けない問題ではありません。こうした難問と呼ばれる問題は、正解できればラッキーという意識で臨むのがよいのではないかと思います。限られた時間の中で優先して取り組むべきは、やはり基礎的な問題です。難しい問題にこだわりすぎて、足もとをおろそかにしないようにしましょう。

【おすすめ問題集】

Ｊｒ・ウォッチャー２「座標」、７「迷路」、31「推理思考」、47「座標の移動」

問題６　分野：お話の記憶

〈解 答〉　①真ん中（イヌ）　②左から２番目（夏）　③右から２番目（水筒）
④○：８　⑤右から２番目（ネコ）　⑥イチゴ：×、リンゴ：×、バナナ：○

お話はやや長めですが、質問自体はそれほど難しいものではないので、しっかり聞くことができていれば充分に対応できます。⑤では、お話の内容とは関係のない「桃太郎」の知識が問われますが、さすがにこのくらいのことはわかっていてほしいところです。もし「桃太郎」を知らなかったとしたら、読み聞かせが足りないということです。お話の記憶の基本は、お話を「聞く」ことです。お話を聞くことができれば、自然と内容も理解できるようになります。内容が理解できれば、質問にも答えることができるようになります。「聞く」ことがすべての基礎になってくるのでしっかりと土台作りをするようにしてください。

【おすすめ問題集】
１話５分の読み聞かせお話集①・②、お話の記憶問題集 初級編・中級編・上級編、
Ｊｒ・ウォッチャー19「お話の記憶」

問題７　分野：数量（たし算・ひき算）

〈解 答〉　①○：10　②○：１　③上段真ん中（イチゴ）

最終的にはたし算とひき算の問題なのですが、そこにたどり着くまでが大変です。頭の中で考えていても理解を深めることが難しいので、実際にテーブルを回して、目で見ながら考えていくことが有効な方法と言えるでしょう。本問を切り取って外側のテーブルを回しながら考えてみてください。１つ回す（動かす）とどう変化するのか、２つ回すとどうかというように手を動かして目で見ることで、頭の中でも動かすことができるようになっていきます。本問は数量の問題ではありますが、頭の中で形を動かすという図形感覚をしっかり持っていないと対応に苦労する問題になっています。

【おすすめ問題集】
Ｊｒ・ウォッチャー38「たし算・ひき算１」、39「たし算・ひき算２」

問題8　分野：推理（シーソー）

〈解答〉　下図参照

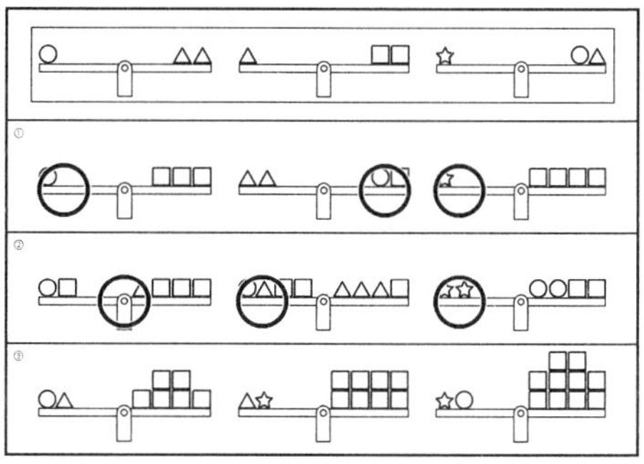

置き換えという考え方をしっかりと持っていないと本問を解くことは難しいでしょう。簡単に言ってしまえば、すべてを「□」に置き換えてしまえばどちらに傾くかは一目瞭然ということです。そのためには、「○」は「□」いくつ分、「△」は「□」いくつ分、「☆」は「□」いくつ分ということをまず頭に入れておく必要があります。③はまさにそのことが問題になっています。一概にシーソーの問題といっても、誰が1番重いかというのは比較の問題ですし、本問は置き換えの問題というように考え方が違ってきます。何を問われているかによって考え方も異なるので、どんな問題なのかをとらえる力も重要になってきます。

【おすすめ問題集】

Ｊｒ・ウォッチャー15「比較」、33「シーソー」、57「置き換え」、58「比較②」

問題9　分野：制作（絵画）

〈解答〉　省略

制作課題ではありますが、絵の出来が問われることはほとんどありません。細かな指示がある場合は別ですが、こうした大まかなテーマが課題となっている場合は評価の基準を定めにくいので、描いた後に行われる質問の方に重点が置かれることが多くあります。つまり、本問は制作という形をとった口頭試問と言うことができるでしょう。ここでは、お子さまの考えをお子さまの言葉で表現することが求められます。その絵を描いた理由を説明できる必要があるのです。こうした、自分の考えを言葉にするという課題は、最近の小学校入試ではよく出題されるようになってきています。ふだんの生活の中でもそうした機会を作ってあげるとよいでしょう。

【おすすめ問題集】

Ｊｒ・ウォッチャー22「想像画」、24「絵画」、
新 口頭試問・個別テスト問題集、新 ノンペーパーテスト問題集

問題10　分野：運動

〈解 答〉　省略

多少の変化はありますが、例年５～６個の運動課題がサーキット形式で行われています。特に細かな指示は出されていないようですが、それだからこそすべてが観られているとも言えます。運動にはつきものの待つ時間もその１つです。保護者の方はどんな課題が出るのかばかりに注目しがちですが、実は取り組む姿勢や待つ時の態度の方が重要なのです。もちろん、課題がうまくできるに越したことはありませんが、できなかったとしてもあきらめずに課題に取り組んでいれば、評価はしてもらえます。上手にやろうとするのではなく、指示を守って一生懸命に取り組むことが大切だということをお子さまに伝えてあげてください。

【おすすめ問題集】
新 運動テスト問題集、Ｊｒ・ウォッチャー28「運動」

問題11　分野：行動観察

〈解 答〉　省略

楽しそうなゲームなのでお子さまは夢中になってしまうかもしれません。ゲームに熱中するあまりお子さまの本当の姿が見えてくることもあるでしょう。それが学校のねらいでもあります。そうした状況でもルールや指示を守れるのか、自分勝手になっていないかなどが観られています。こうした行動観察は、集団の中でお子さまがどういった行動をするのかを観るものです。それは小学校入学後の集団行動に適応できるかどうかのシミュレーションでもあります。学校によっては、ペーパーテストの成績がよくても行動観察がダメで不合格になるということもあるので、ペーパーテスト以外もおろそかにしないようにしましょう。

【おすすめ問題集】
Ｊｒ・ウォッチャー29「行動観察」

問題12　分野：親子面接

〈解 答〉　省略

オーソドックスな小学校入試面接と言えるでしょう。基本的には一問一答の形で面接が行われています。だからと言ってマニュアル通りの受け答えをしていては何のプラスにもなりません。保護者が目立つ必要はありませんが、きちんと自分の考えを自分の言葉で伝えられるようにしてください。それはお子さまにも求められる力です。何を問われているのかを理解し、それに則して答えられるという、いわばコミュニケーション能力が重要になります。まずは、家庭内でのコミュニケーションをしっかりとることから始めましょう。

【おすすめ問題集】
新 小学校受験の入試面接Ｑ＆Ａ、家庭で行う面接テスト問題集、
保護者のための面接最強マニュアル

2020年度の過去問題

問題13　分野：言語（クロスワード）

〈準備〉　サインペン

〈問題〉　上の段の見本を見てください。左の四角の中のマス目には、右の四角の中の絵の名前が入ります。見本では、縦に「スズメ」が入り、横に「メダカ」が入ります。また、太く囲まれたマス目には同じ音が重なって入ります。見本では「メ」の音が入ります。その時、使われなかった絵を右の四角の中から選んで○をつけます。見本と同じように、下の問題に答えてください。

〈時間〉　各40秒

〈解答〉　下図参照

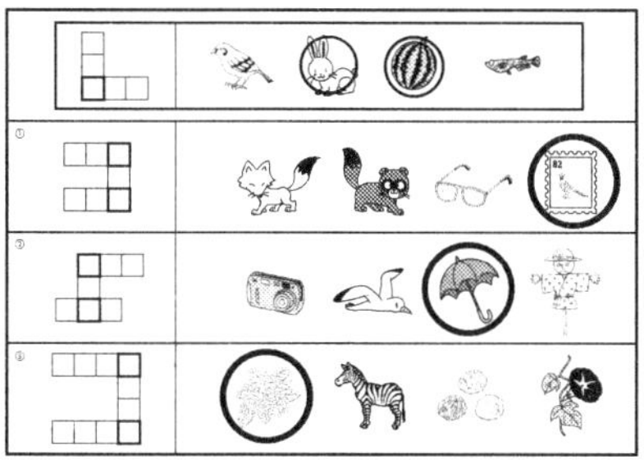

［2020年度出題］

学習のポイント

当校では例年、クロスワードの問題が出題されているので対策をとっておきましょう。保護者の方にとっては一目見て、この問題がクロスワードだとわかると思いますが、この年齢のお子さまは実際に解いたことがないと、クロスワードの特徴である「マスに音をはめ込む」ということに気付きにくいので難しい問題と言えます。この問題を解くポイントとしては、同じ音が入るという意味の太い線のマスに注目します。①の右上の太い線のマスを見てください。上の横マスは「尾音」、縦のマスは「頭音」にその太い線のマスが重なります。この条件を踏まえて選択肢を見ると、「タヌキ」の「キ」と「キツネ」「切手」の「キ」に絞られ、上の横マスは「タヌキ」とわかります。同じようにして、下の太い線のマスを見ていくと、このマスはそれぞれ尾音同士ということから、「メガネ」と「キツネ」の尾音がいっしょなので、答えが「切手」とわかります。

【おすすめ問題集】

Ｊｒ・ウォッチャー17「言葉の音遊び」、18「いろいろな言葉」、
60「言葉の音（おん）」

問題14　分野：数量（同数発見）

〈準備〉　サインペン

〈問題〉　マスの中に描かれている絵の数が同じものを見つけて、左上のウサギのマスから右下のネズミのマスまで線でつないでください。お約束として、黒いマスを飛び越えてはいけません。また斜めに進むこともできません。

〈時間〉　各１分

〈解答〉　下図参照（解答例）

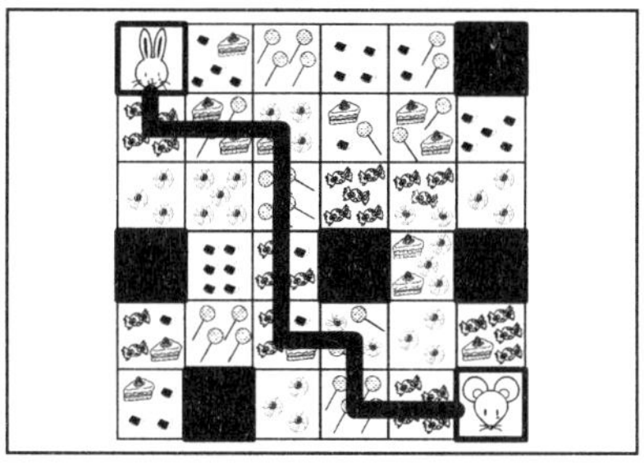

［2020年度出題］

学習のポイント

一見すれば図形分野の問題に見えますが、マスの中の絵を数えて同じ個数が隣合っていれば線をつないでいき、答えを出すという「数える」という数量の問題と言えます。始まりのウサギのマスを見ると、右に「せんべい４つ、ケーキ１つ」の個数が５つのマスと、下に「アメ４つ」の個数が４つのマスがあります。それらのマスの隣を確認すると、５つのマスの隣には同じ個数はありません。４つのマスは、右隣に「ケーキ２つ、アメ２つ」の４つのマスがあることから、線をつなぐことができます。このようにして解いていけば答えは導き出せます。それに加えて、目的地の位置の把握も必要です。この問題では線をつなぐのに扱っている数は「４」ですが、線をつなげていくと目的地にたどり着けない「４」もあります。このことから「４」を見つけてすぐに線を引くのではなく、しっかりと目的地の位置を把握しながら線を引けているかどうかも観られているということでしょう。

【おすすめ問題集】

Ｊｒ・ウォッチャー36「同数発見」

問題15　分野：言語（しりとり）

〈準備〉　サインペン

〈問題〉　太い○の中の絵から「しりとり」を始めます。順番に線をつないでください。

〈時間〉　各30秒

〈解答〉　下図参照

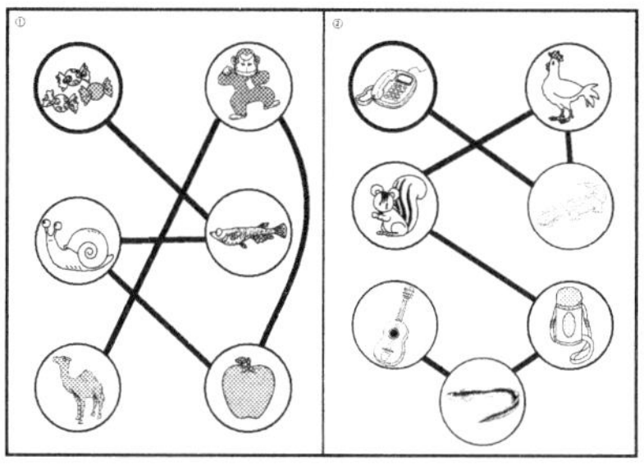

［2020年度出題］

学習のポイント

太い○からしりとりを始めて、絵を線でつないでいく問題です。この年齢のお子さまならば、「しりとり」で遊んだことがあるので難しくないでしょう。ですから、お子さまが間違えたのであれば、「しりとり」の問題を理解できなかったのではなく、絵そのものを理解できなかったのではないでしょうか。ただ、その場合は知識量を増やせればよいので、保護者の方は心配する必要はありません。最近は、知識を増やす方法は多様化しています。図鑑だけでなく、インターネットなどで増やすこともできます。生活環境に合った方法を見つけて、知識を増やしていきましょう。

【おすすめ問題集】

Ｊｒ・ウォッチャー49「しりとり」

問題16　分野：図形（対称・重ね図形）

〈準 備〉　サインペン

〈問 題〉　左の２つの四角を太線で矢印の方向に折った時、黒いマスに隠れる記号のみが書かれている四角を右の中から選んで○をつけてください。

〈時 間〉　各30秒

〈解 答〉　下図参照

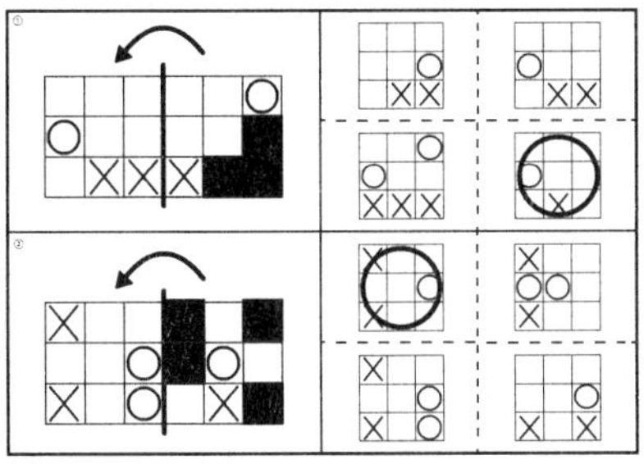

［2020年度出題］

学習のポイント

「折る」ことで図形が対称となり、それを「重ねる」ことで重ね図形にもなるので複合的な図形問題と言えます。それだけでなく、黒で塗られているマスに隠れる記号だけ書かれた四角を選ぶという指示もあるので、お子さまは解くのに困惑してしまうかもしれません。このような複合的な問題で解くポイントは、いきなり答えを出そうとせずに、１つひとつ作業を分割して取り組むことです。この問題ならば、①「折る」ことで記号の移動を確認する　②黒いマスに隠れた記号を確認する、というように解いていけば頭の中で問題が整理されて解きやすくなります。

【おすすめ問題集】

Ｊｒ・ウォッチャー８「対称」、35「重ね図形」

問題17　分野：図形（図形の構成）

〈準備〉　サインペン

〈問題〉　上の図形を作る時に使わないパーツに○をつけてください。

〈時間〉　各30秒

〈解答〉　下記参照

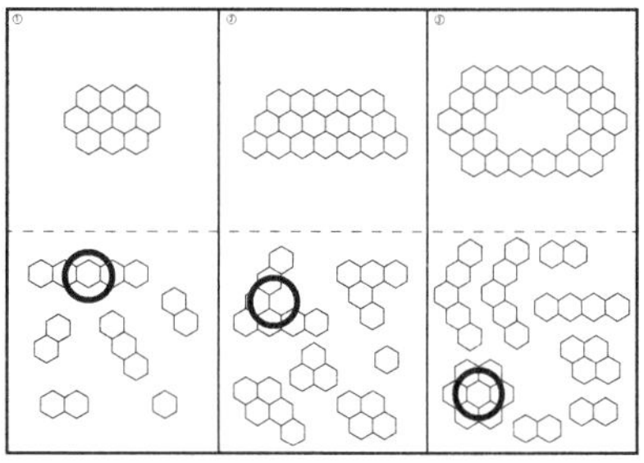

［2020年度出題］

学習のポイント

この問題で観られているのは、どのように組み合わせれば見本の形を作ることができるか、つまり図形の構成の仕方です。そのためには、見本の図形の特徴を把握しなければいけません。①の問題を見てみると、見本の図形は下に３つ、真ん中に４つ、上に３つの六角形のパーツに分けることができます。それを踏まえて、選択肢のパーツを見ると、選択肢の中にある５つのパーツは使わないものだとわかります。②③にも見本の図形に当てはまらないものがあるので同様に解くことができます。このように言葉で説明してもお子さまがあまり理解できていないようであれば、実際に選択肢のパーツを見本の図形にはめ込む作業をしてみてください。その作業で「はまらないパーツ」というのが、この問題で言う、「使わないパーツ」ということがわかります。そうすれば、次回ペーパー学習で類題を解く時に、理解しやすくなるでしょう。

【おすすめ問題集】

Ｊｒ・ウォッチャー45「図形分割」、54「図形の構成」

問題18　分野：お話の記憶

〈準備〉　サインペン

〈問題〉　お話を聞いて、後の質問に答えてください。

いつもより早く起きたサルくん。今日はお友だちのウシくん、タヌキくん、イヌさん、クマさんと海へ魚釣りに行きます。サルくんのお母さんが「たくさん釣ってきてね！」と言うので、サルくんは「家族の分は釣ってくるよ！」と言いました。サルくんの家族はサルくんのお父さん、お母さん、妹の４人家族ですから、サルくんは釣る数の目標を「４匹」に決めました。家のピンポンが鳴りました。隣の家に住んでいるウシくんが「そろそろ行くよ！」と言うので、「行ってきます」と言い、家を出ました。集合場所のバス停にはすでにタヌキくんとイヌさんがいましたが、クマさんがまだ来ていません。乗るつもりだった赤色のバスを４人は見送りました。「クマさん、大丈夫かな？」とイヌさんが心配していたらちょうどクマさんが来ました。「ごめんなさい」と謝りましたが、理由を答えてくれません。タヌキくんが「何で理由を言わないの？」と少し怒ると、サルくんが「まあまあ、怒らないで。無事でよかったんだから」となだめました。５人は次に来た緑色のバスに乗って、海へ向かいました。だんだんと海が近づいてくる窓から見える景色にみんな見とれています。

海へ着きました。セミもミンミンと鳴いています。さっそく魚釣りが始まりました。サルくんは３匹。ウシくん、クマさんは４匹。タヌキくん、ウサギさんは２匹釣れました。サルくんは「４匹釣りたかったのに」と悲しそうな顔をしましたが、「はじめてで３匹も釣れたんだからすごいわ」とウサギさんが言ってくれました。と同時にぐ～と大きな音が鳴りました。それはタヌキくんのおなかが鳴った音でした。「お腹空いちゃった。どこか近くのレストランに行かない？」と言ったので、お昼ごはんの時間にしました。クマさんが「あのね……」と言い出したので、みんなクマさんに注目すると、カバンの中からみんなの分のサンドイッチを取り出しました。「どうしたの、これ」とサルくんが聞くと、「実は朝早起きして作ったの。でも、慣れてなくて作るのに時間がかかっちゃって。それで遅刻しちゃったの。ごめんね」と言いました。タヌキくんは「そんな、わざわざありがとう。ぼくもさっき怒っちゃってごめんなさい。あの時、すぐに言ってくれればよかったのに」と言いました。クマさんは「なんか照れくさかったから」と言い、クマさんとタヌキくんは握手して仲直りをしました。そしてレストランへ行くのをやめて、みんなでクマさんの手作りサンドイッチを食べました。

帰りはバスの中でみんな寝てしまいました。バス停でみんなと別れた後、サルくんはウシくんと家へ向かいました。「今日は楽しかったね」とサルくんが言うと、「そうだね。あ、そうだ」とウシくんが魚を１匹取り出し、サルくんに渡しました。「ぼくの家族は３人だから１匹余るのでサルくんにあげる！」と言って渡してくれました。「ありがとう！」とサルくんは大喜び。ウシくんとお別れをして、家に帰ってお母さんに元気よく「ただいま！」と言いました。

①サルくんの隣の家に住んでいるのは誰ですか。四角の中から選んで○をつけてください。
②このお話の季節はいつでしょうか。同じ季節のものを、四角の中から選んで○をつけてください。
③みんなは最初、何色のバスに乗りましたか。そのバスと同じ色のものを、四角の中から選んで○をつけてください。
④サルくんは魚を何匹釣ったでしょうか。その数だけ四角の中に○を書いてください。
⑤サンドイッチを作ってくれたのは誰でしたか。四角の中から選んで○をつけてください。

〈時間〉　各30秒

〈解答〉　①右から２番目（ウシ）　②右端（夏）　③右端（ピーマン）
④○：３　⑤左端（クマ）

［2020年度出題］

学習のポイント

当校のお話の記憶の問題は、例年お話の長さが1000字を超えるだけでなく、登場人物、質問の数も多いのが特徴です。登場人物や質問が多ければ多いほど、記憶しなければならないことも増えてきます。この問題では、登場人物が釣った魚の数などがその例として挙げられるでしょう。サルくん、ウシくん、タヌキくん、イヌさん、クマさんそれぞれの釣った魚を頭の中で整理しないと、「誰が○匹釣った」と答えることが難しくなりますが、とはいえ、頭の中で整理する方法を工夫すれば少しは難しさは和らぎます。工夫の例として、日頃の読み聞かせの中で、お話の場面をイメージしながら聞くようにしてみましょう。そのために保護者の方は、読み聞かせの途中や終わりに、質問をしてください。お子さまは質問されることによって、お話をイメージして、内容を思い出そうとします。これを繰り返し行っていけば、お子さまがお話を聞き取る時に、イメージでお話の場面を整理でき、お話の内容も記憶しやすくなっていきます。

【おすすめ問題集】

1話5分の読み聞かせお話集①・②、お話の記憶 初級編・中級編・上級編、
Ｊｒ・ウォッチャー19「お話の記憶」

問題19　分野：数量（数える）

〈準 備〉　サインペン

〈問 題〉　絵を見てください。マスの中にさまざまな記号があります。このマスを列ごとに見てみると、それぞれの記号の数が同じ列があります。その列を見つけ出し、その列の矢印のところにある四角に○を書いてください。

〈時 間〉　各１分30秒

〈解 答〉　下記参照

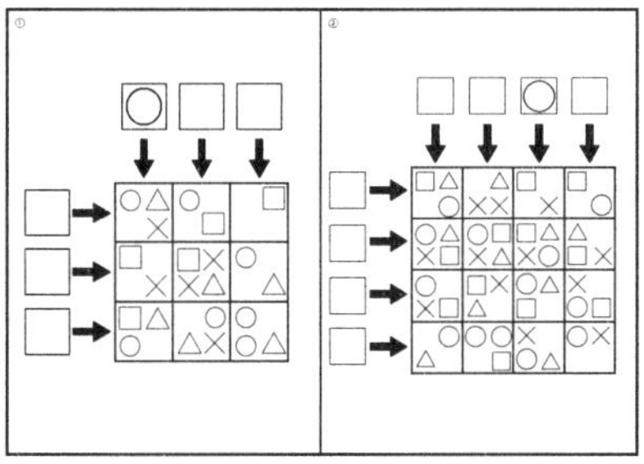

［2020年度出題］

学習のポイント

この問題は一見、図形問題に見えますが、列ごとにマスを見ていき、それぞれの記号の数が同じならばその列の矢印の上（横）の四角に○をつけるという、数を「数える」ことを観ている、数量分野の問題と言えます。絵がマスになっているので、「列」という認識がしにくくなっていますが、①の横に３つ連なっている四角の左端で言うならば、矢印は左上、左中、左下のマスのことを指して、これを「列」としています。その列の中の記号の数がそれぞれ同じものならば○をつけるというのがこの問題です。この四角だと、左上のマスに「○、△、×」がそれぞれ１つ。左中は「□、×」が１つずつ。左下は「○、△、□」がそれぞれ１つ書かれています。このことからこの列の記号は「○、△、□、×」がそれぞれ２つあるので、この問題の答えはこの列ということがわかります。②も同様に解いていってください。この問題はほかの列の記号も目に入って、数えにくく間違えやすいです。ですから、列全体を漠然と見るのではなく、列ごとに記号を１つひとつ見ていきましょう。その際、「どの記号から数える」「上から下へ」「左から右へ」など見ていく順番を決めていくとなお、重複して数えたり、数え忘れたりするケアレスミスが少なくなります。

【おすすめ問題集】

Ｊｒ・ウォッチャー37「選んで数える」

問題20　分野：図形（推理思考）

〈準備〉　サインペン

〈問題〉　上の段の家を建てる時に真ん中に使うものはどれがよいでしょうか。

〈時間〉　30秒

〈解答〉　左端

［2020年度出題］

学習のポイント

上の見本の家を見て、どの形のものを真ん中に使えばよいかを答える問題です。家を建てる時に「柱」があり、その役目を果たしているものを見つける問題ですが、この年齢のお子さまに「柱」と言っても伝わらないでしょう。ですから、まずはなぜその形のものを真ん中に使うのかを説明することが大切です。それを真ん中に使うことで、家全体が安定するということをお子さまに教えます。そうすると、お子さまは上部が尖っているものは、全体を安定させるのにはふさわしくなかったり、長さが足りないものだと「柱」の意味をなさないということを知ることができます。

【おすすめ問題集】

Ｊｒ・ウォッチャー16「積み木」、31「推理思考」

問題21　分野：運動

〈準備〉　平均台、鉄棒、フープ、ボール、雑巾

〈問題〉　**この問題は絵を参考にしてください。**
【サーキット運動】
①平均台を歩く。
②５秒間鉄棒にぶら下がる。
③ケンパーで進む。
④ボールを投げ上げて、落ちてくる間に１回拍手してキャッチする。
⑤雑巾がけをする。

〈時間〉　適宜

〈解答〉　省略

［2020年度出題］

学習のポイント

運動の内容は、小学校入試でよく行われているものが多く、難しい課題ではないので、それほど特別な対策は必要ないでしょう。そもそも、身体的な能力を測ることが目的というわけではなく、ごく普通に運動ができれば問題はありません。それよりも、取り組む姿勢の方が重要と言えます。運動の得意なお子さまにとっては、これらの課題は簡単なものでしょう。だからと言って、適当にやったり、ふざけ半分でやったりすると、課題自体はできていたとしても確実に低い評価になります。逆に課題ができなかったとしても、一生懸命取り組んでいれば、マイナスの評価にはなりません。つまり、それぞれが全力を出しているかどうかが観られているということです。ただし、まったくできないとなると、何の対策もしてこなかったとみなされてしまうでしょう。例年、大きく課題が変わるわけではないので、学習の合間などに練習しておくようにしましょう。

【おすすめ問題集】
新 運動テスト問題集、Ｊｒ・ウォッチャー28「運動」

問題22　分野：制作・行動観察

〈準備〉　クーピーペン（12色）、画用紙、紙コップ、やわらかい積み木、ボール、フラフープ、竹馬、フリスビーなど

〈問題〉　**この問題の絵はありません。**
①白い画用紙にあなたがお誕生日に欲しいものの絵を描いてください。
②「どうぶつえんへいこう」の歌に合わせて、先生が動物園にいる生きものの名前を言ったら、その言葉の音の数のお友だちと手をつないで、グループを作ってください。
③紙コップでタワーを作ってください。
④やわらかい積み木、ボール、フラフープ、竹馬、フリスビーなどを使って、自由に遊んでください。先生が笛を吹いたら、遊びをやめて、片付けをしてください。

〈時間〉　適宜

〈解答〉　省略

［2020年度出題］

学習のポイント

制作（絵画）→集団行動→自由遊びという流れの行動観察です。どんな課題かというところは、ほとんど関係ないと言ってよいでしょう。行動観察で観られているのは、お子さまのすべてです。ペーパーテストにおいては、ある程度の対策はできますが、集団の中での行動や自由遊びの時の態度などは、どうしてもお子さまの素の部分が出てしまいます。集団行動ができるのか、和を乱すことはないかなど、学校側は入学後の姿を想像しながらお子さまを観ています。その素の姿というのは、お子さまが育ってきた環境そのものなのです。これまでは、知識を中心とした「頭」が入学試験で観られるポイントでしたが、最近では口頭試問や行動観察などの「人」を観る試験も多くなっています。それは、お子さまを通して保護者を観ているということなのです。

【おすすめ問題集】
Ｊｒ・ウォッチャー24「絵画」、29「行動観察」

問題23　分野：親子面接

〈準備〉　なし

〈問題〉　**この問題の絵はありません。**

【父親へ】
・本校を選んだ理由をお聞かせください。
・本校のほかに併願校はございますか。
・どのような職業をされていますか。
・お子さまを褒めるのはどのような時ですか。
・お子さまにはどのように成長してほしいですか。
・入学後、学校行事に参加することはできますか。

【母親へ】
・お子さまは幼児教室へ通われていますか。もし通われているのならば、その幼児教室名を教えていただけますか。
・お子さまを叱るのはどのような時ですか。
・お子さまにはどのように成長してほしいですか。

【志願者へ】
・お名前を教えてください。
・誕生日、年齢、住所、電話番号を教えてください。
・幼稚園（こども園など）の担任の先生のお名前を教えてください。
・幼稚園（こども園など）ではよく何をして遊びますか。
・ご両親とはお休みの日、何をして遊びますか。
・ご両親のどちらが怒ると怖いですか。
・将来、何になりたいですか。

〈時間〉　15分程度

〈解答〉　省略

［2020年度出題］

学習のポイント

当校の面接は、面接官が２名。時間は約15分です。内容自体は特に変わったことが聞かれることはなく、志望理由や休日にどのように過ごすか、というような一般的に面接で聞かれることがほとんどです。ですから、過去問題を見て、どのような質問をされるのかという程度の対策をとって臨めば問題はありません。その際、お互いの教育観を確認するようにしてください。答えがそれぞれの親で違っていると、しっかりと教育に対して話し合いがされていない家庭だと評価されかねません。

【おすすめ問題集】
新 小学校受験の入試面接Ｑ＆Ａ、家庭で行う面接テスト問題集、
保護者のための面接最強マニュアル

問題13

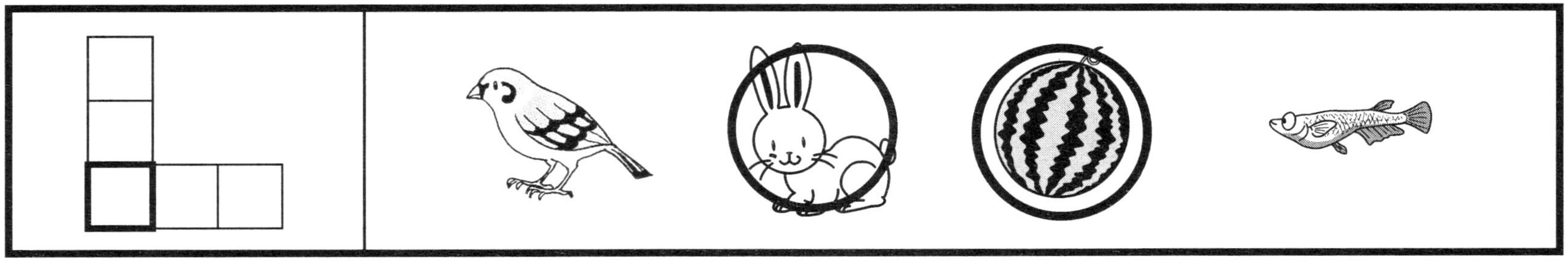

①

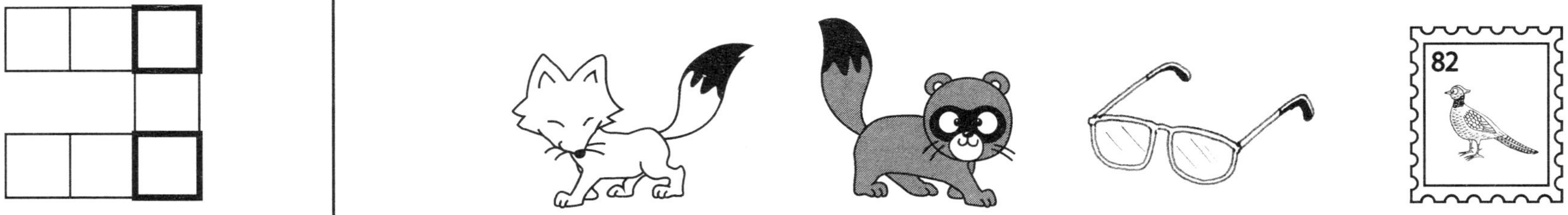

②

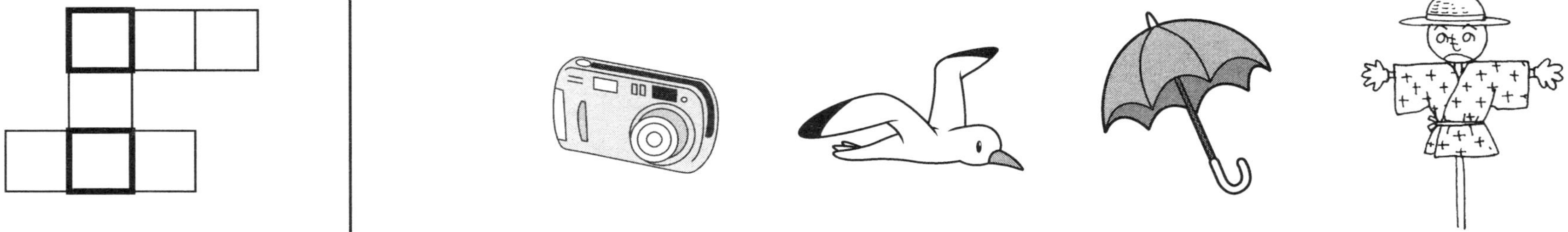

③

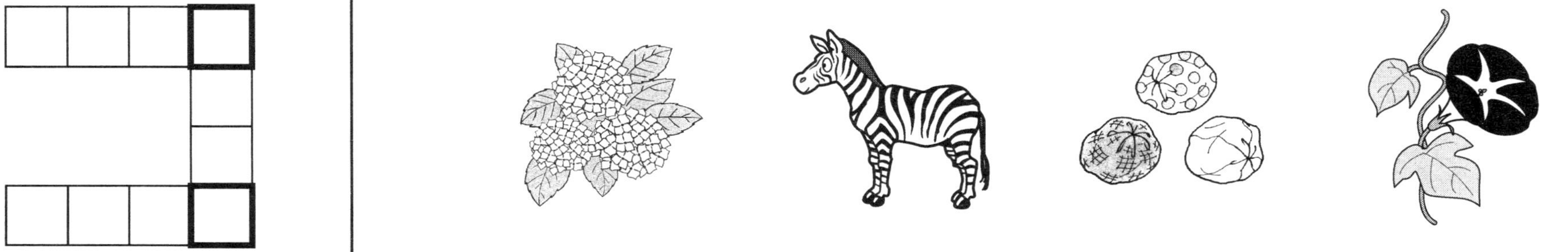

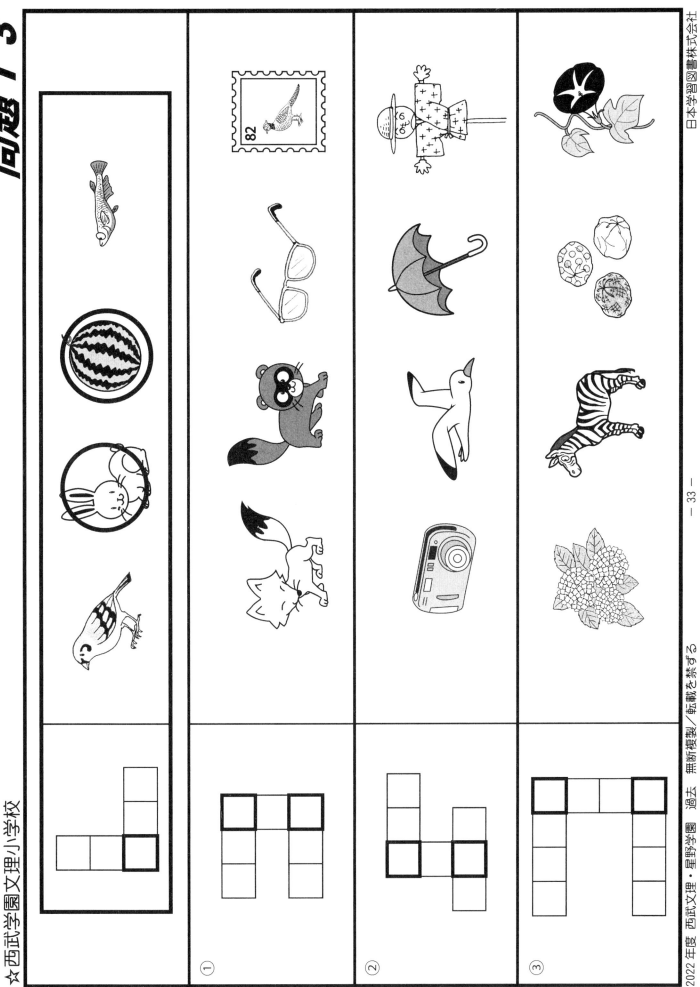

問題14

- 34 -

2022年度 西武文理・星野学園 過去 無断複製／転載を禁ずる   日本学習図書株式会社

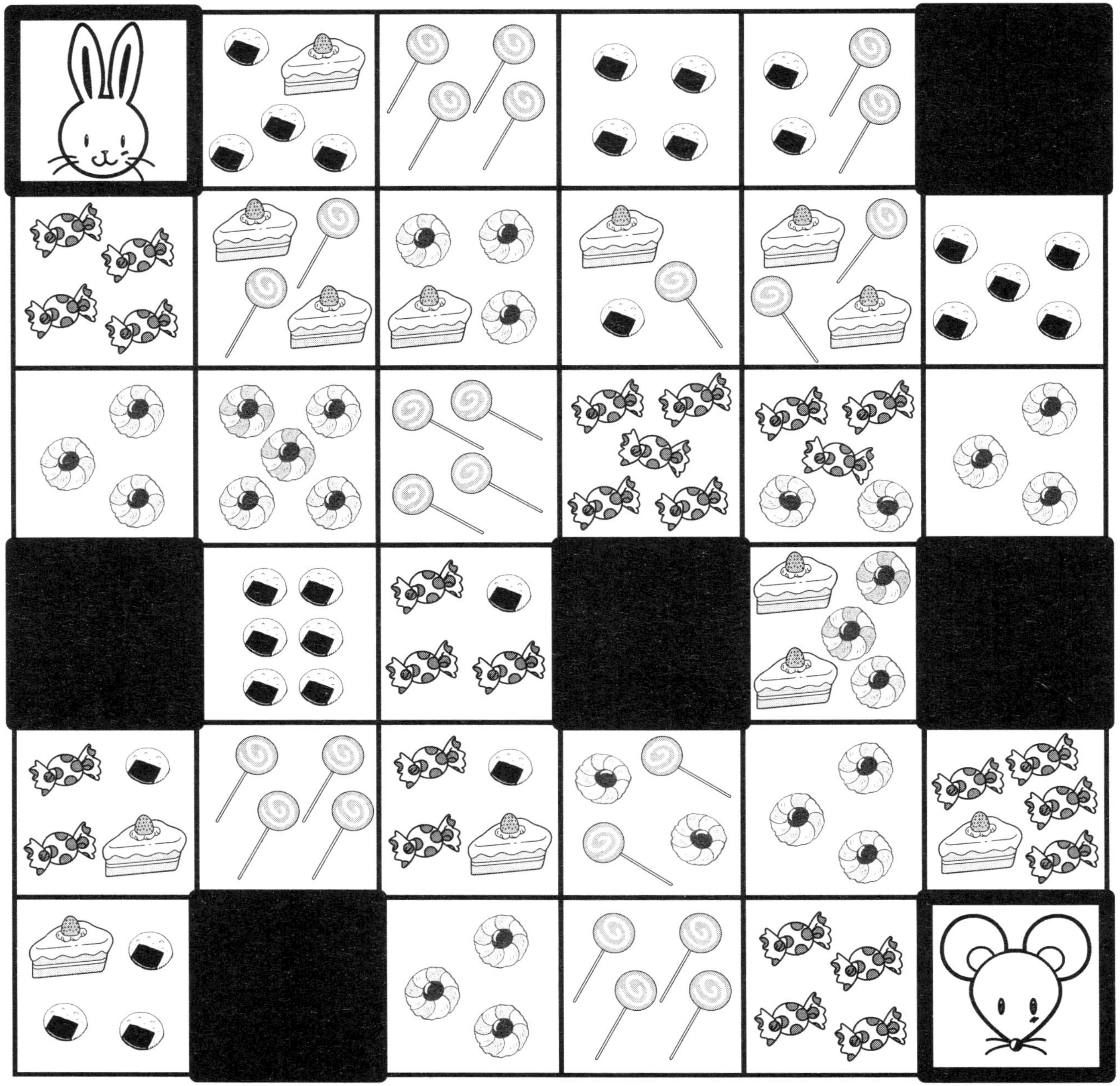

問題15

②

  ①

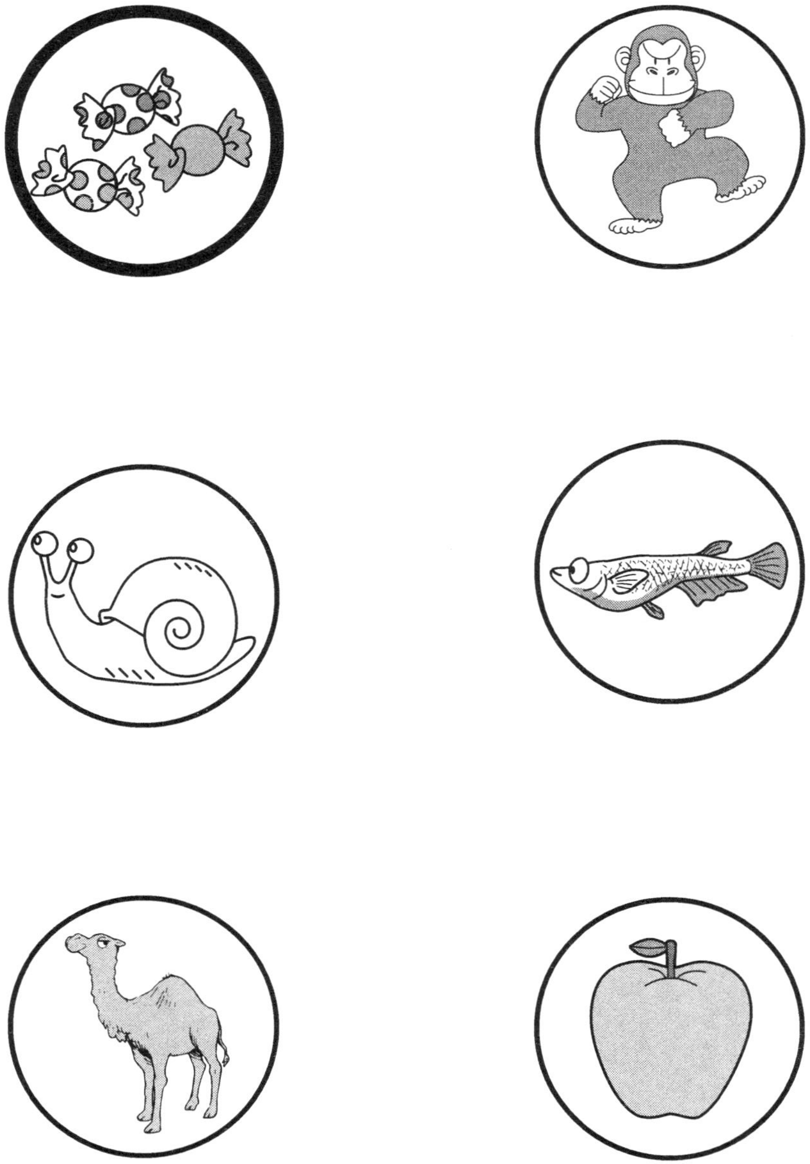

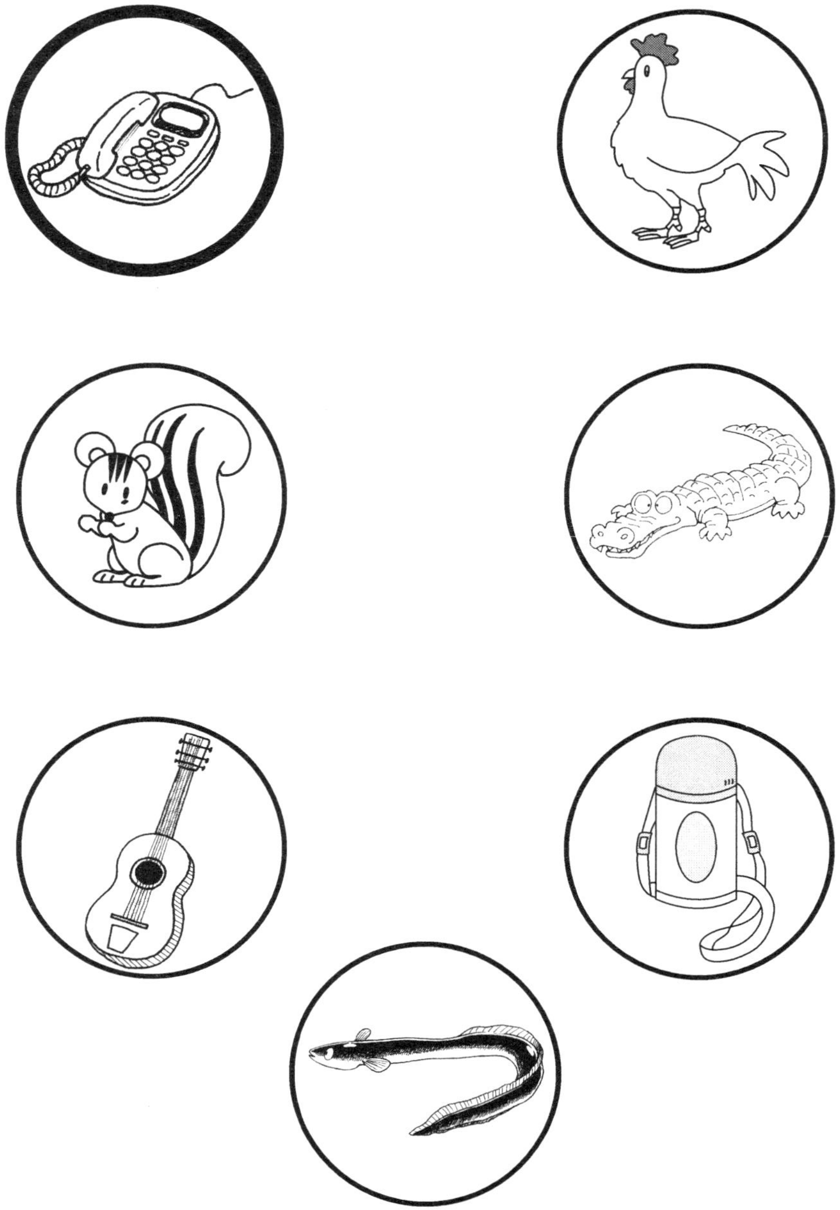

問題16

①

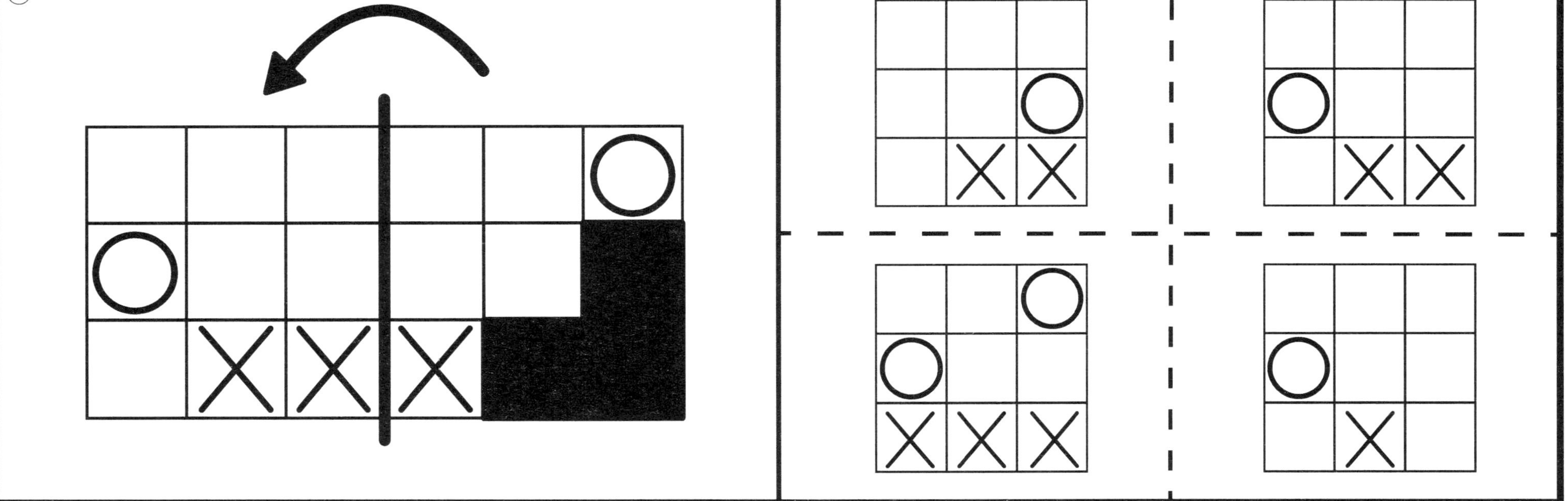

②

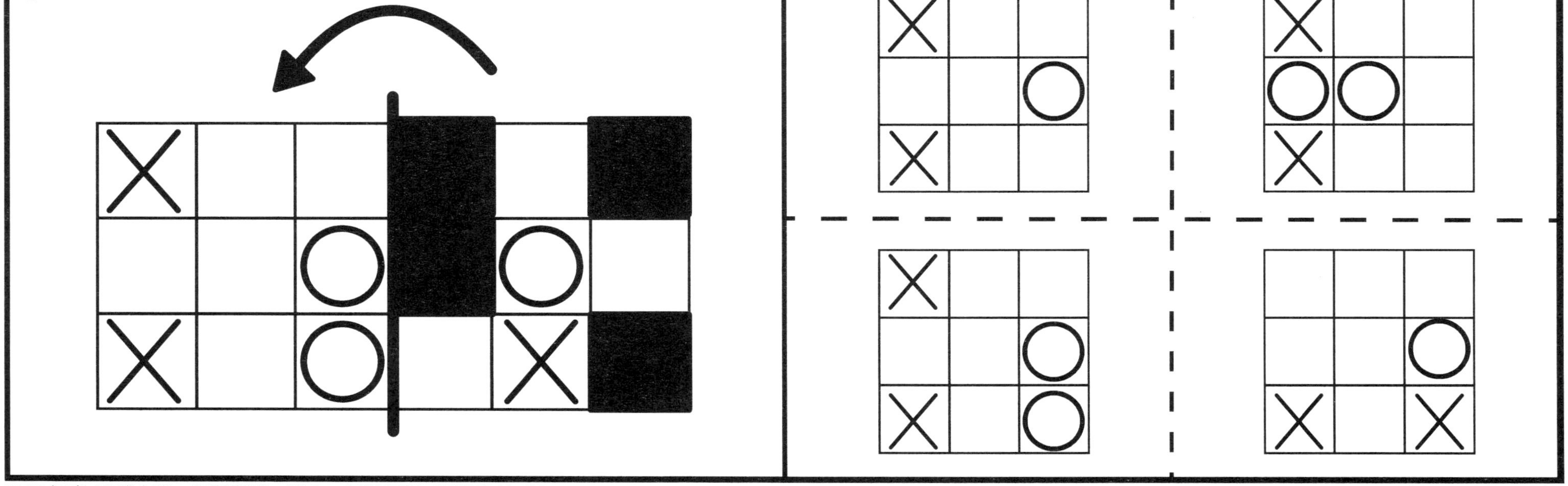

☆西武学園文理小学校

問題１７

①

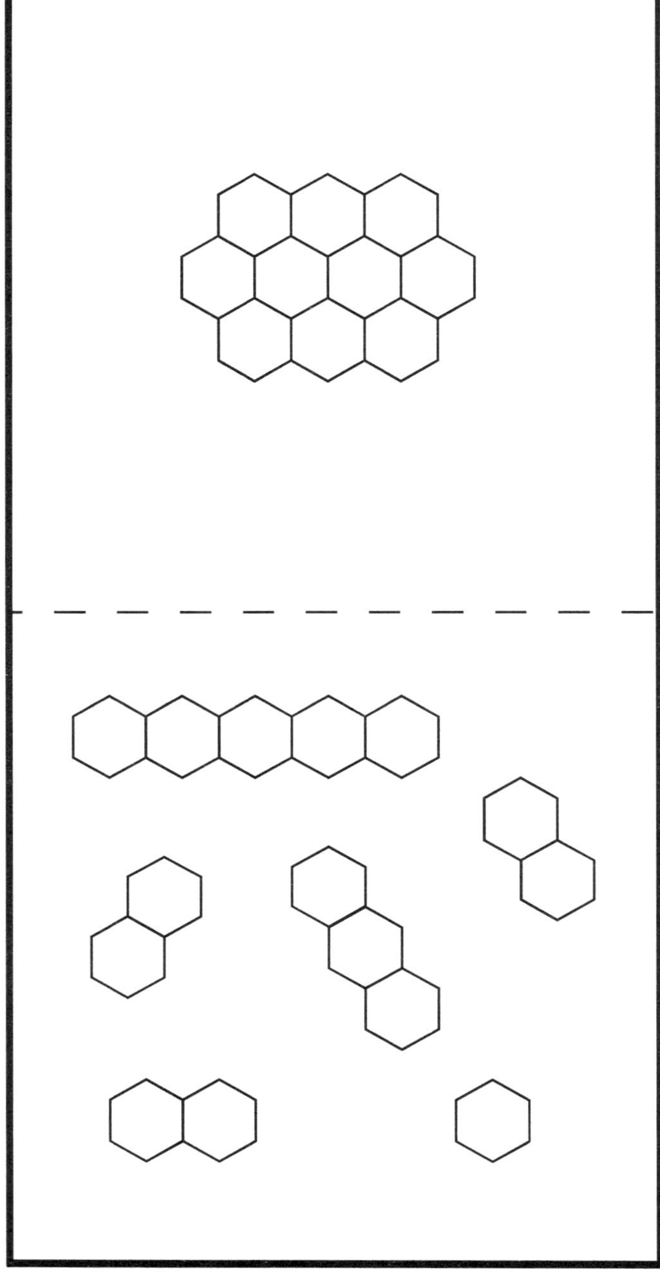

②

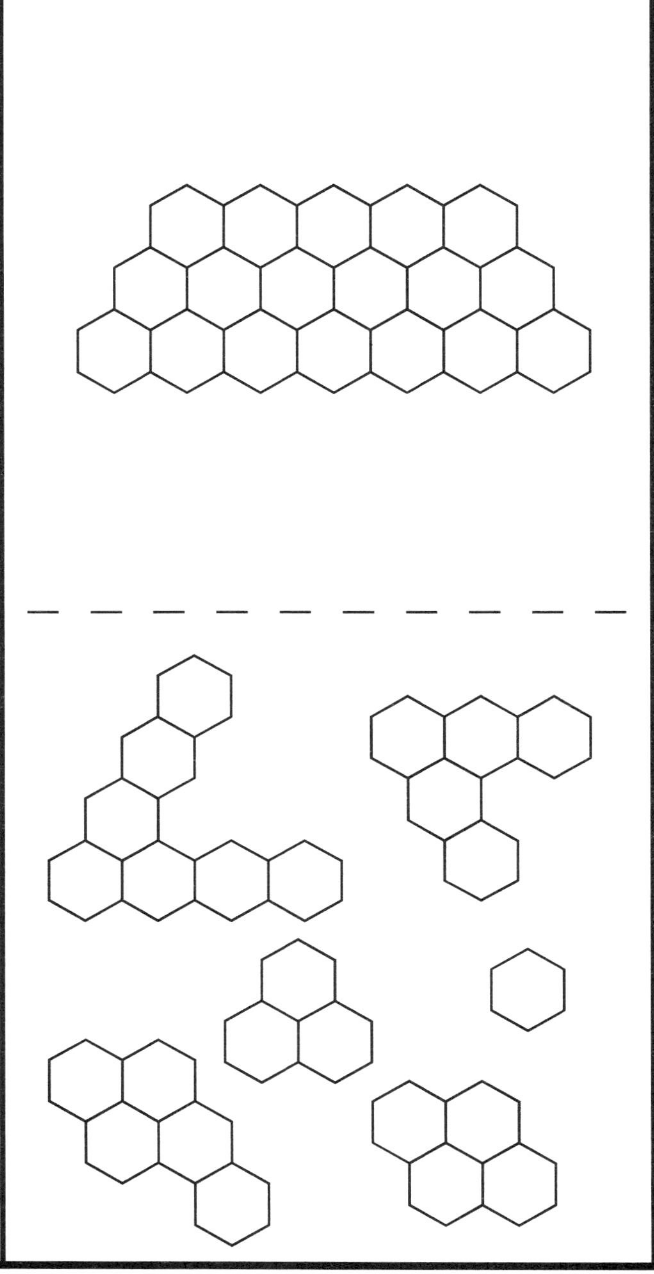

③

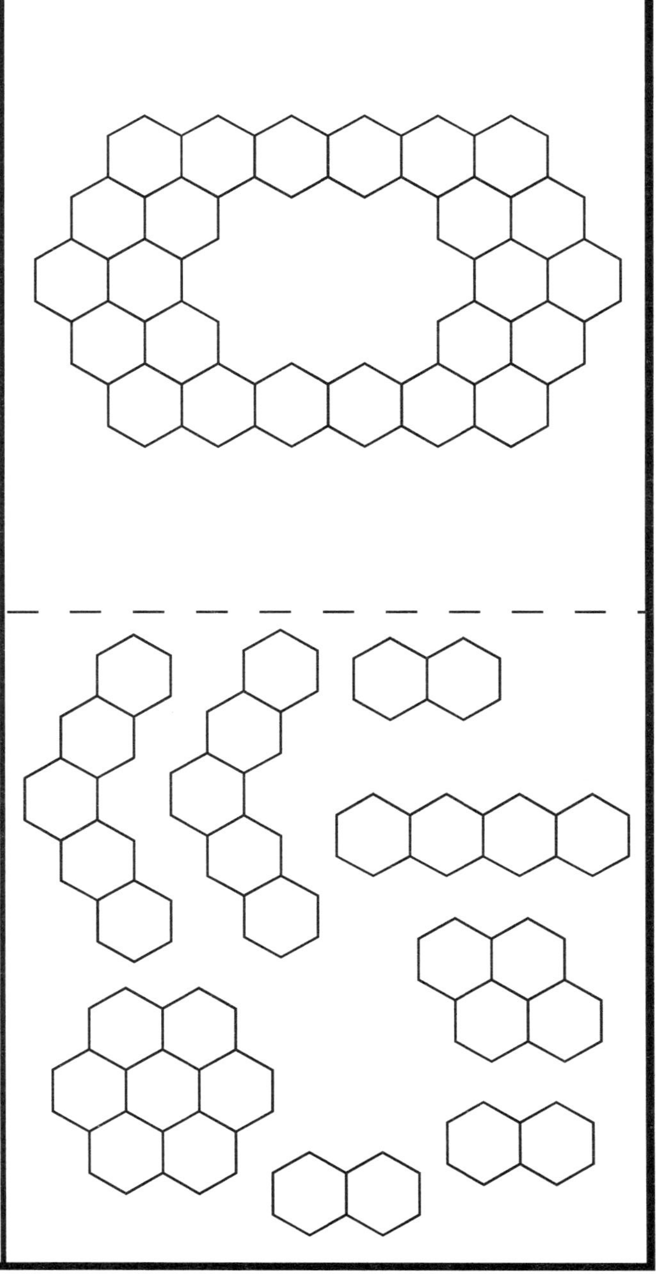

問題18

①

②

③

④

⑤

日本学習図書株式会社

☆西武学園文理小学校

問題１９

①

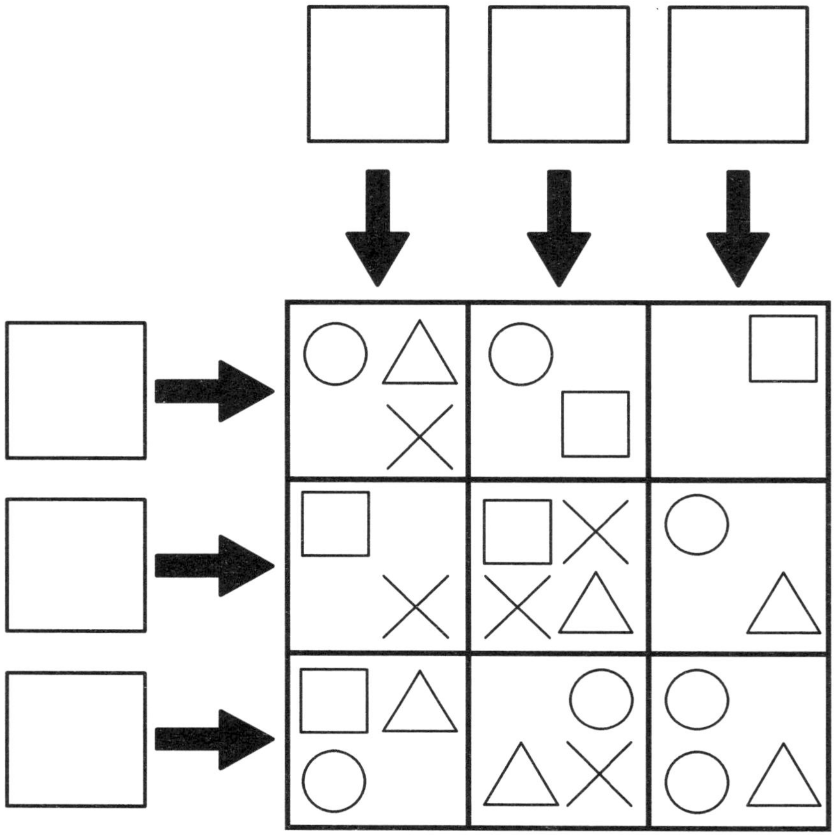

②

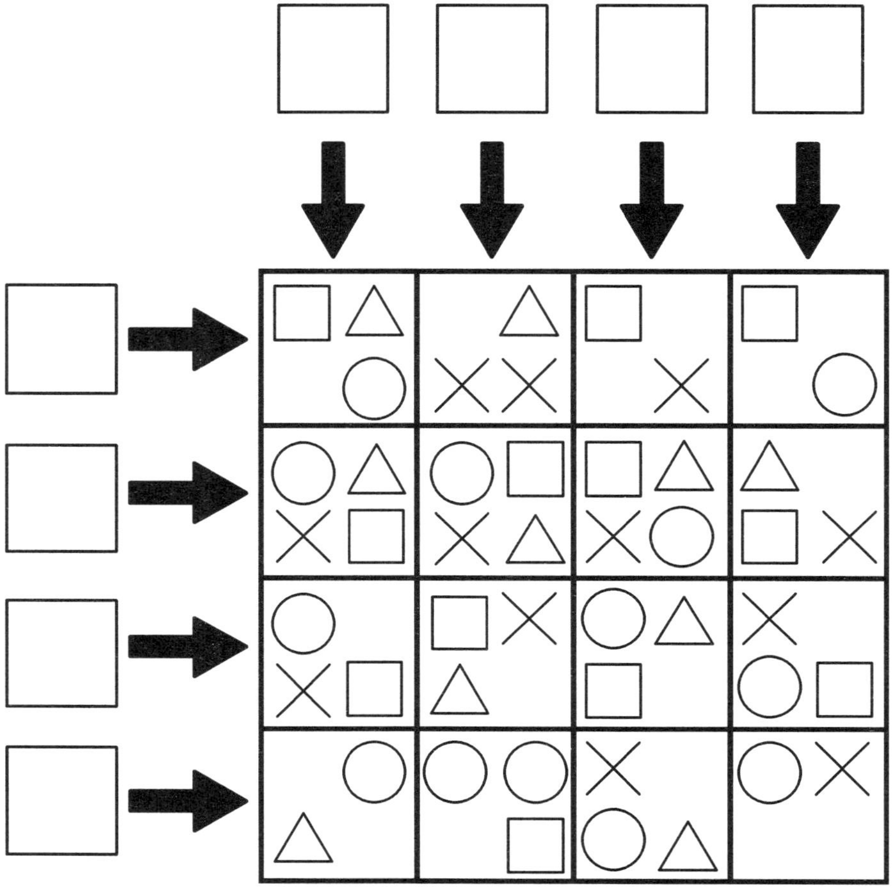

☆西武学園文理小学校

問題２０

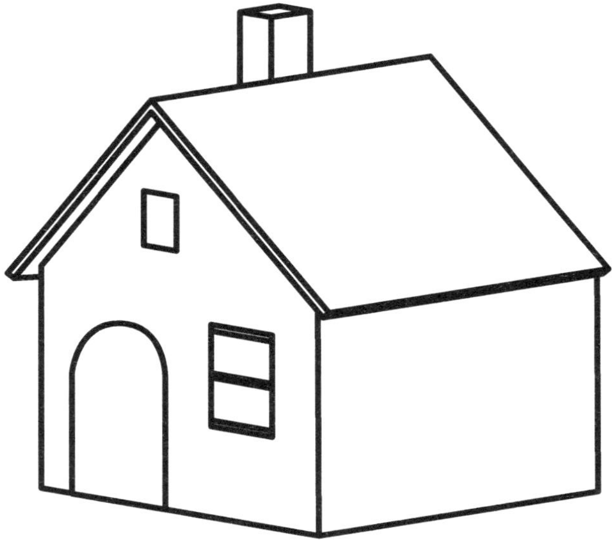

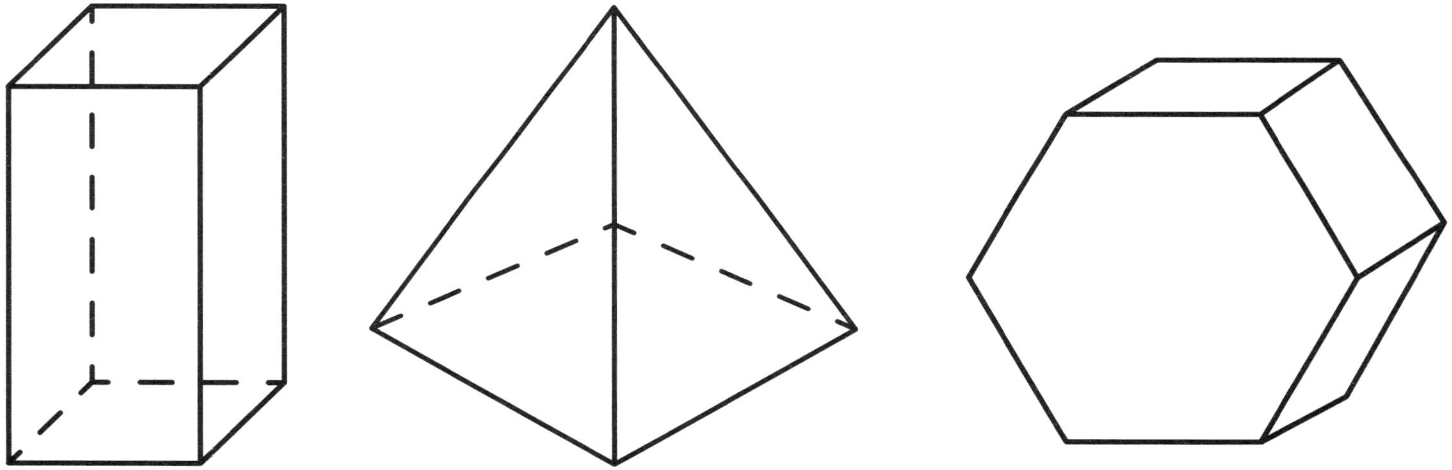

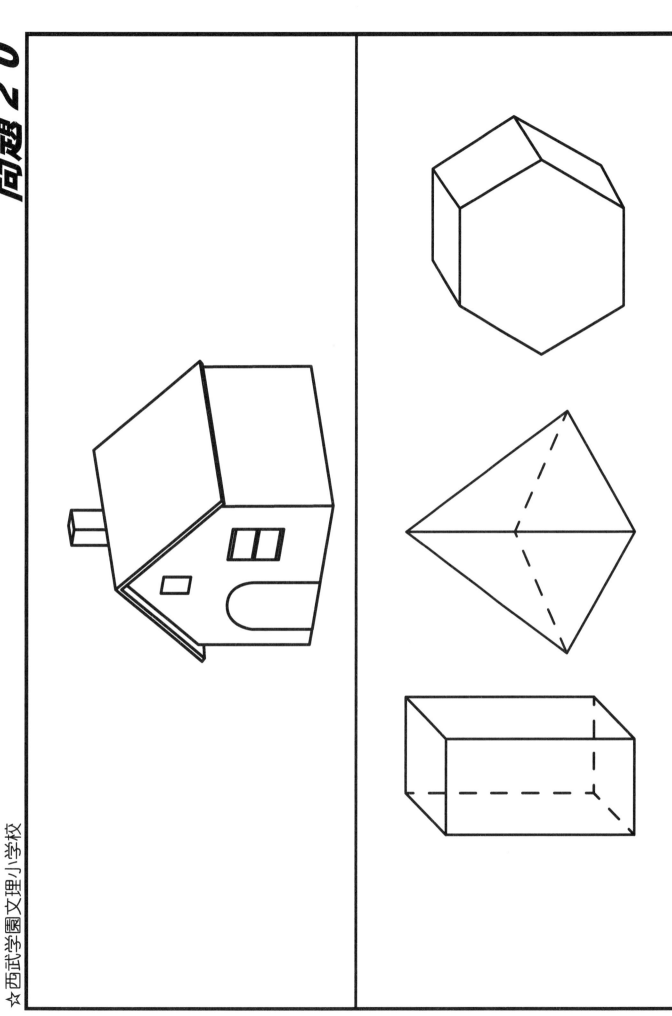

☆西武学園文理小学校

問題２１

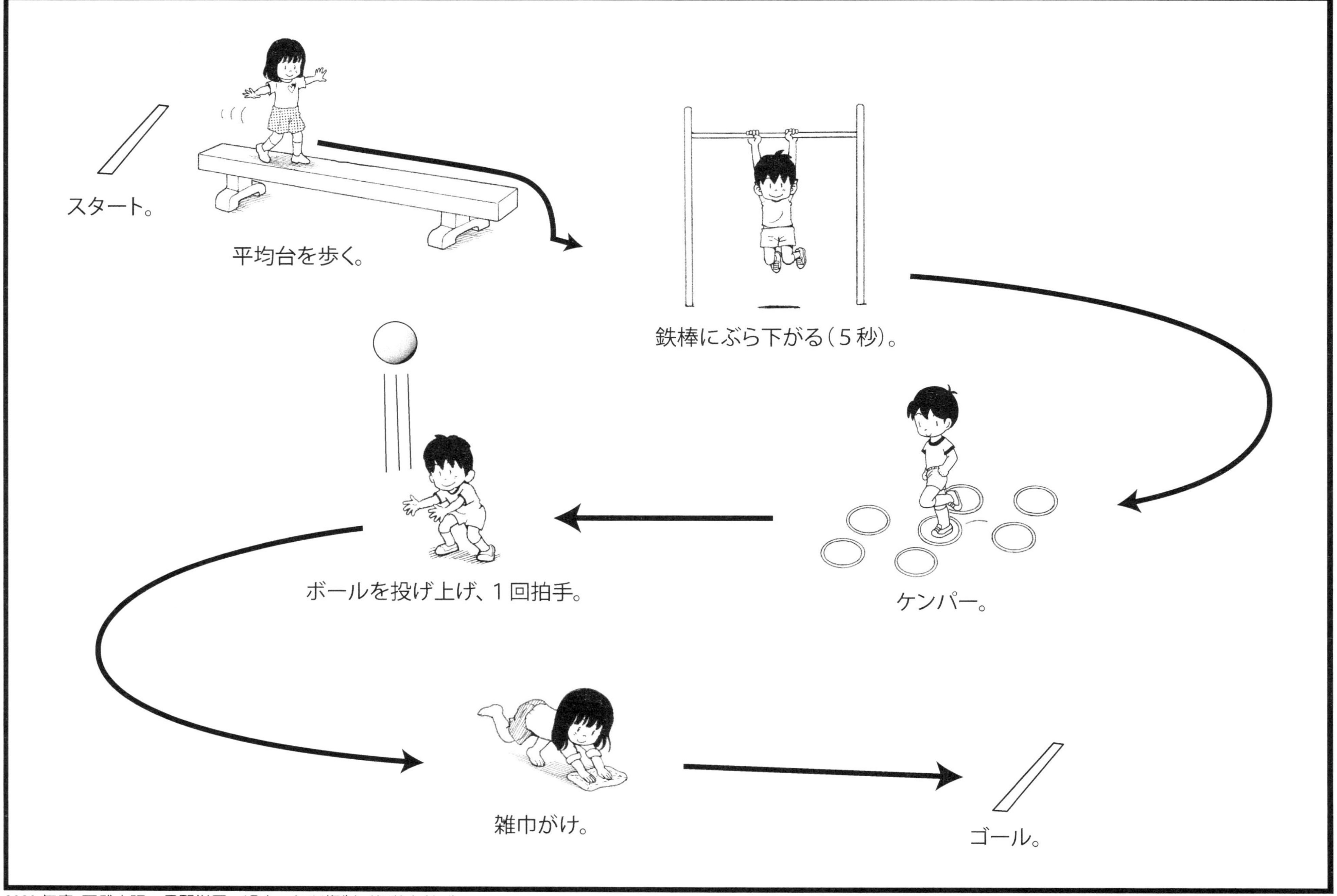

スタート。
平均台を歩く。
鉄棒にぶら下がる（５秒）。
ケンパー。
ボールを投げ上げ、１回拍手。
雑巾がけ。
ゴール。

西武学園文理小学校　専用注文書

年　　月　　日

合格のための問題集ベスト・セレクション

＊入試頻出分野ベスト３

1st 言語　語彙　知識

2nd 推理　思考力　観察力

3rd 記憶　聞く力　集中力

例年、当校独特の難問が数問出題されるので、しっかりと対策をしておいてください。ただし、基礎的な学習をした上での対策でなければ意味がないので、まずは基礎を固めるところから始めましょう。

分野	書名	価格(税込)	注文	分野	書名	価格(税込)	注文
図形	Ｊｒ・ウォッチャー２「座標」	1,650円	冊	数量	Ｊｒ・ウォッチャー38「たし算・ひき算１」	1,650円	冊
推理	Ｊｒ・ウォッチャー７「迷路」	1,650円	冊	数量	Ｊｒ・ウォッチャー39「たし算・ひき算２」	1,650円	冊
図形	Ｊｒ・ウォッチャー８「対称」	1,650円	冊	数量	Ｊｒ・ウォッチャー41「数の構成」	1,650円	冊
図形	Ｊｒ・ウォッチャー９「合成」	1,650円	冊	数量	Ｊｒ・ウォッチャー42「一対多の対応」	1,650円	冊
常識	Ｊｒ・ウォッチャー11「いろいろな仲間」	1,650円	冊	図形	Ｊｒ・ウォッチャー46「回転図形」	1,650円	冊
推理	Ｊｒ・ウォッチャー15「比較」	1,650円	冊	図形	Ｊｒ・ウォッチャー47「座標の移動」	1,650円	冊
言語	Ｊｒ・ウォッチャー17「言葉の音遊び」	1,650円	冊	言語	Ｊｒ・ウォッチャー49「しりとり」	1,650円	冊
言語	Ｊｒ・ウォッチャー18「いろいろな言葉」	1,650円	冊	推理	Ｊｒ・ウォッチャー57「置き換え」	1,650円	冊
巧緻性	Ｊｒ・ウォッチャー24「絵画」	1,650円	冊	推理	Ｊｒ・ウォッチャー58「比較②」	1,650円	冊
観察	Ｊｒ・ウォッチャー29「行動観察」	1,650円	冊	言語	Ｊｒ・ウォッチャー60「言葉の音（おん）」	1,650円	冊
推理	Ｊｒ・ウォッチャー31「推理思考」	1,650円	冊		お話の記憶問題集 中級編・上級編	2,200円	各　冊
推理	Ｊｒ・ウォッチャー32「ブラックボックス」	1,650円	冊		新 口頭試問・個別テスト問題集	2,750円	冊
推理	Ｊｒ・ウォッチャー33「シーソー」	1,650円	冊		新 運動テスト問題集	2,420円	冊
図形	Ｊｒ・ウォッチャー35「重ね図形」	1,650円	冊		新 小学校受験の入試面接Ｑ＆Ａ	2,860円	冊

合計	冊	円

（フリガナ） 氏　名	電　話	
	ＦＡＸ	
	E-mail	
住 所　〒　　　－	以前にご注文されたことはございますか。	
	有　・　無	

★お近くの書店、または記載の電話・FAX・ホームページにてご注文をお受けしております。
電話：03-5261-8951　FAX：03-5261-8953　代金は書籍合計金額＋送料がかかります。
※なお、落丁・乱丁以外の理由による商品の返品・交換には応じかねます。

★ご記入頂いた個人に関する情報は、当社にて厳重に管理致します。なお、ご購入の商品発送の他に、当社発行の書籍案内、書籍に関する調査に使用させて頂く場合がございますので、予めご了承ください。

日本学習図書株式会社
http://www.nichigaku.jp

◎学習効果を上げるため、前掲の「家庭学習ガイド」及び「合格のためのアドバイス」をお読みになり、各校が実施する入試の出題傾向を、よく把握した上で問題に取り組んでください。
◎冒頭の「本書ご使用方法」「本書ご使用にあたっての注意点」も併せてご覧ください。

〈星野学園小学校〉

2021年度の最新問題

問題24　分野：お話の記憶

〈準　備〉　クーピーペン（12色）

〈問　題〉　お話を聞いて、後の問いに答えてください。

今日はヤギさん一家とヒツジさん一家で、おにぎり山にピクニックに行く日です。ヤギさん一家は緑色の屋根のお家に、お父さん、お母さん、お兄さん、弟の４人で住んでいます。庭には一面にヒマワリの花が咲いています。ヒツジさん一家は赤い屋根のお家に、お父さん、お母さん、双子の姉妹の４人で住んでいます。庭にはアサガオの花が咲いています。お隣同士のヤギさん一家とヒツジさん一家はとっても仲良しです。
朝からいい天気でピクニックに行くには最高の日です。「いい天気だね」とお兄さんヤギが言うと、弟ヤギは「楽しみにしていたから、晴れてよかった」と言いました。ヤギさん一家は準備ができました。「みんな忘れ物はない？」とお母さんヤギが言うと、「あっ、水筒忘れた」と弟ヤギが言いました。慌てて玄関を開けると、青い水筒が置きっぱなしになっていました。弟ヤギが水筒を持って戻ってくると、ヒツジさん一家がちょうど出てきたところでした。双子の姉妹は赤い帽子とピンク色の帽子をかぶっていました。
「それでは、出発！」というお父さんヒツジの掛け声でピクニックがスタートしました。おにぎり山まで歩いていきます。歩いているうちに風景が少しずつ変わっていき、いつの間にか自然いっぱいの景色になっていました。おにぎり山に登る少し手前には川が流れています。「川のところで休憩しよう」とお父さんヤギが言いました。そこからは大きな山と小さな山が並んでいるおにぎり山がよく見えます。ちょうど大きな山の頂上に雲がかかっていました。休憩が終わると山登りが待っています。みんな声をかけ合いながら一生懸命山を登っていきます。頂上までもうすぐというところで、双子ヒツジのピンク色の帽子にトンボがとまりました。お兄さんヤギが捕まえようとしましたが、逃げていってしまいました。
頂上に着くとみんなが楽しみにしているお弁当の時間です。ヤギさん一家のお弁当は三角のおにぎりで、１人２つずつありました。ヒツジさん一家のお弁当はサンドイッチで、１人１つずつありました。おいしいお弁当を食べてみんな大満足です。その後、みんなで楽しく遊び、そろそろ帰ろうとして片付けをしていると、水玉柄のハンカチが２枚落ちていました。お母さんヤギが「誰の落とし物ですか」と聞くと、双子ヒツジが「はいっ！」と同時に手を上げたので、みんなニッコリしてしまいました。

（問題24-１の絵を渡す）
①ピクニックに行ったのは何人でしょうか。四角の中に緑色のクーピーペンでその数の分だけ○を書いてください。
②ヒツジさん一家のお家の屋根は何色でしょうか。その色のクーピーペンで屋根を塗ってください。
③ヤギさん一家のお家の庭に咲いている花は何でしょうか。選んで桃色のクーピーペンで○をつけてください。
④弟ヤギが忘れそうになった水筒は何色でしょうか。その色のクーピーペンで水筒を塗ってください。
（問題24-２の絵を渡す）
⑤川で休憩した時に見たおにぎり山はどれでしょうか。選んで黒色のクーピーペンで○をつけてください。
⑥お兄さんヤギが捕まえようとして逃げられてしまったのはどれでしょうか。選んで茶色のクーピーペンで○をつけてください。
⑦ヤギさん一家が持ってきたおにぎりはいくつでしょうか。橙色のクーピーペンでその数の分だけそのおにぎりの形を書いてください。
⑧落とし物のハンカチはどんな柄だったでしょうか。選んで水色のクーピーペンで○をつけてください。

〈時　間〉　各20秒

問題25　分野：数量（選んで数える、見えない数）

〈準　備〉　クーピーペン（赤）

〈問　題〉　①１番たくさんあるお寿司はどれでしょうか。選んで○をつけてください。
②ピザに１番たくさんのっているものはどれでしょうか。選んで○をつけてください。
③全部で５個アメを持っています。右手にはいくつのアメを持っているでしょうか。その数の分だけ四角の中に○を書いてください。
④全部で10個アメを持っています。右手にはいくつのアメを持っているでしょうか。その数の分だけ四角の中に○を書いてください。

〈時　間〉　①②各30秒　③④各20秒

問題26　分野：数量（一対多の対応）

〈準　備〉　クーピーペン（赤）

〈問　題〉　つる１本につき、サツマイモが２つできます。
①絵の数だけつるがある時、サツマイモはいくつできるでしょうか。その数の分だけ四角の中に○を書いてください。
②絵の数だけつるがありますが、イモムシが１つずつサツマイモを食べてしまいました。サツマイモはいくつ残っているでしょうか。その数の分だけ四角の中に○を書いてください。

〈時　間〉　①20秒　②30秒

問題27　分野：推理（系列）

〈準備〉　クーピーペン（赤）

〈問題〉　絵のように相手はジャンケンをします。あなたは次のジャンケンに勝つために何を出せばよいでしょうか。選んで○をつけてください。

〈時間〉　30秒

問題28　分野：図形（置き換え）

〈準備〉　クーピーペン（赤）

〈問題〉　上の段を見てください。☆は黒に、△は白に変わるお約束です。真ん中の段の絵にお約束を当てはめるとどんな形になるでしょうか。選んで○をつけてください。

〈時間〉　20秒

問題29　分野：図形（図形の構成）

〈準備〉　クーピーペン（赤）

〈問題〉　左端の形を作るためには右の四角の中のどの形を組み合わせればよいでしょうか。選んで○をつけてください。

〈時間〉　１分

問題30　分野：図形（位置の移動）

〈準備〉　クーピーペン（赤）

〈問題〉　イヌとネコが池の周りを進んでいきます。
①★のところではイヌはどこにいるでしょうか。そのマス目に○を書いてください。
②▲のところではネコはどこにいるでしょうか。そのマス目に×を書いてください。

〈時間〉　各30秒

問題31　分野：図形（四方からの観察）

〈準備〉　クーピーペン（赤）

〈問題〉　上の段のように積み木を並べて上から見た時、丸い形の積み木はどこにあるでしょうか。下の段のマス目に○を書いてください。

〈時間〉　１分

問題32 分野：常識（理科）

〈準備〉 クーピーペン（赤）

〈問題〉 上の段の動物のしっぽはどれでしょうか。正しい組み合わせを選んで線でつないでください。

〈時間〉 1分

問題33 分野：常識（いろいろな仲間）

〈準備〉 クーピーペン（赤）

〈問題〉 それぞれの段で仲間はずれはどれでしょうか。選んで○をつけてください。

〈時間〉 1分

問題34 分野：常識（日常生活）

〈準備〉 クーピーペン（赤）

〈問題〉 ①手洗いの仕方を順番に並べた時、2番目になるものはどれでしょうか。選んで○をつけてください。
②うがいの仕方を順番に並べた時、3番目になるものはどれでしょうか。選んで○をつけてください。

〈時間〉 各30秒

問題35 分野：運動

〈準備〉 フープ、ビニールテープ、カラーコーン（4色）

〈問題〉 **この問題は絵を参考にしてください。**
①フープをケンパーで進む（「パ」のところで手をたたく）。
②片足立ち（合図があったら反対の足に変える）。
③両足ジャンプ→サイドステップ（テープを踏まないように進む）。
④指示されたカラーコーンを順番にタッチ（四角に並べてある）。

〈時間〉 適宜

問題36　分野：制作・行動観察

〈準備〉　クーピーペン（12色）、動物カード、ハサミ、のり、台紙（Ａ６サイズ程度）

〈問題〉　**この問題の絵はありません。**

【制作】
①好きな色のクーピーペンを１本選んでください。
②好きな動物のカードを選んで、選んだ色のクーピーペンで塗ってください。
③塗り終わったら、動物をハサミで切り取ってください。
④切り取ったら、のりを使って台紙に貼ってください。

【行動観察】
先ほど作ったカードの動物のものまねをしましょう。声を出してはいけません。
ほかのみんなは何の動物なのかを当ててください。

〈時間〉　適宜

問題37　分野：親子面接

〈準備〉　なし

〈問題〉　**この問題の絵はありません。**

【保護者へ】
・本校を選んだ理由をお聞かせください。
・説明会（オンライン）やオープンスクールなどで感じたことをお聞かせください。
・ご家庭の教育方針をお聞かせください。
・お子さんはどんな性格ですか。
・お子さんの長所と短所を教えてください。
・お子さんが成長したと思うのはどんな時ですか。
・お子さんが今興味を持っていることは何ですか。
・最近お子さんががんばっていることはどんなことですか。

【志願者へ】
・お名前を教えてください。
・生年月日を教えてください。
・幼稚園の担任の先生の名前を教えてください。
・小学校に入ったら何がしたいですか。
・大きくなったら何になりたいですか。それはなぜですか。
・夏休みに楽しかったことは何ですか。具体的に教えてください。
・お家で食べる料理で好きなものは何ですか。
・お父さんお母さんに怒られるのはどんな時ですか。

〈時間〉　10分程度

☆星野学園小学校

問題２４－１

①

②

③

④

問題２４－２

⑤

⑦

⑥

⑧

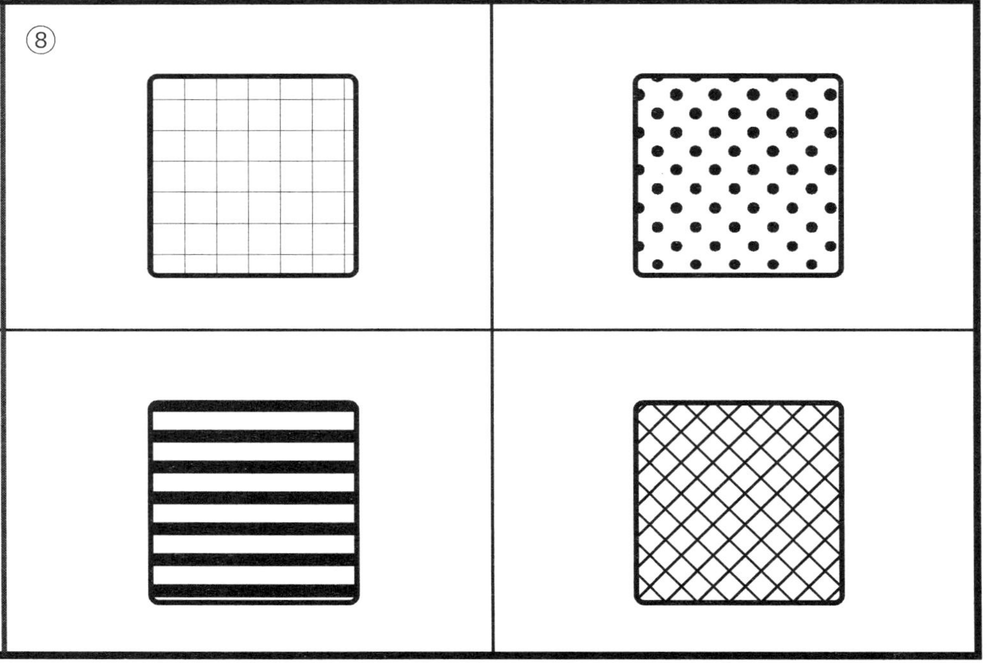

☆星野学園小学校

問題２５

①

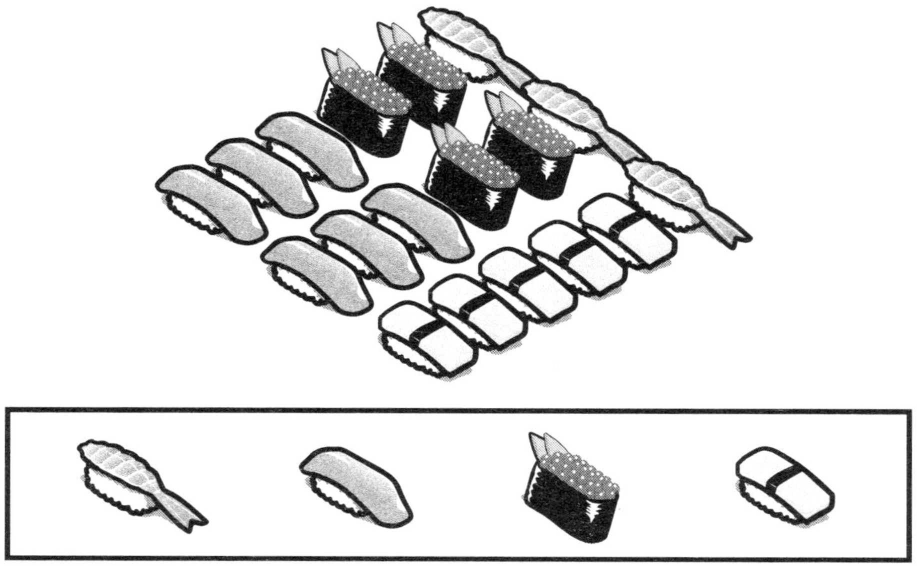

②

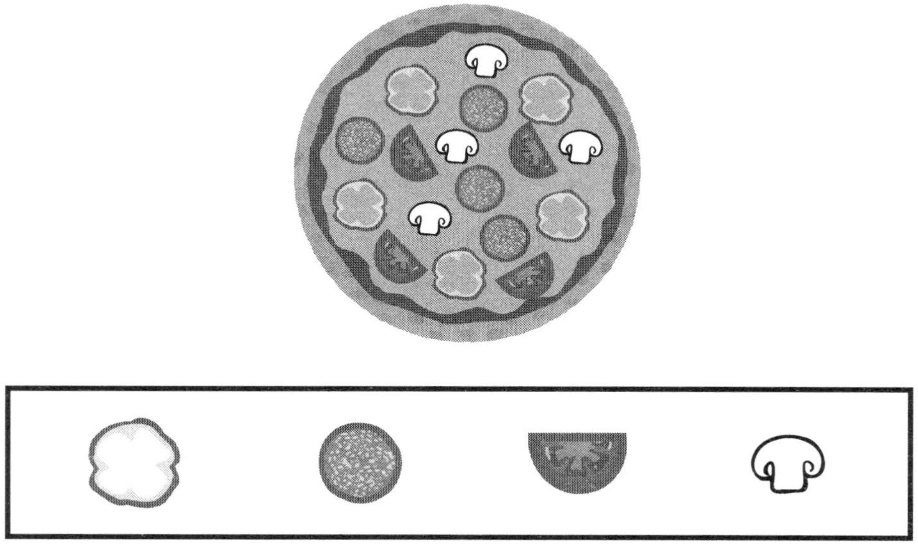

③

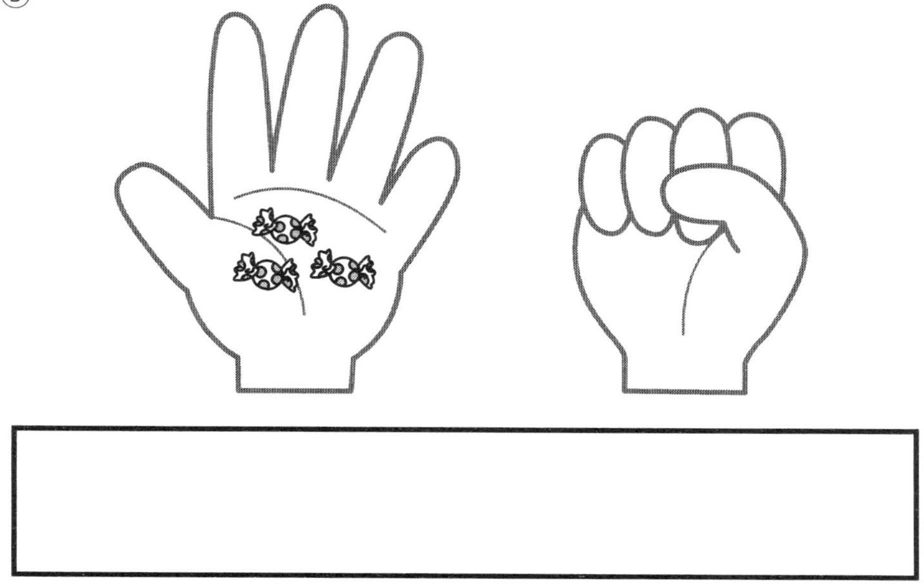

④

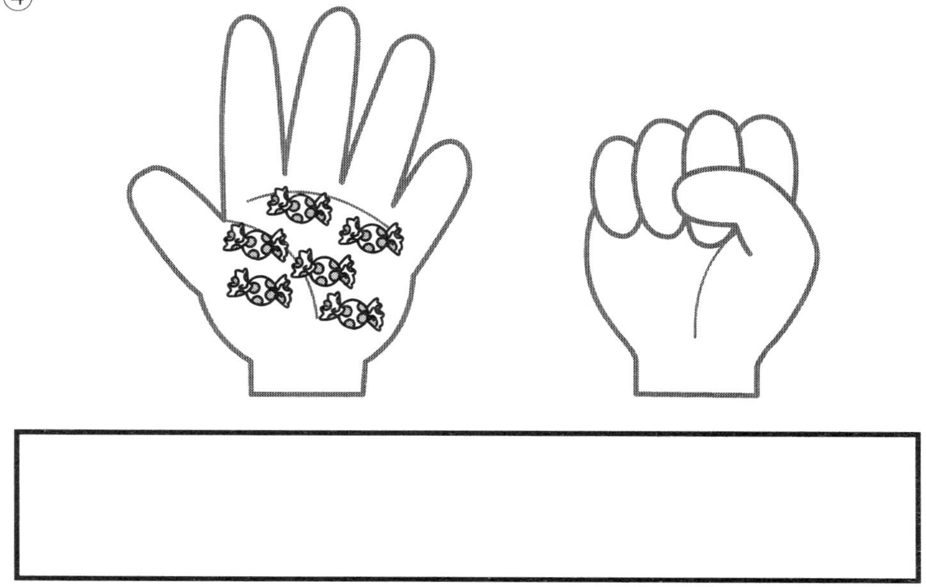

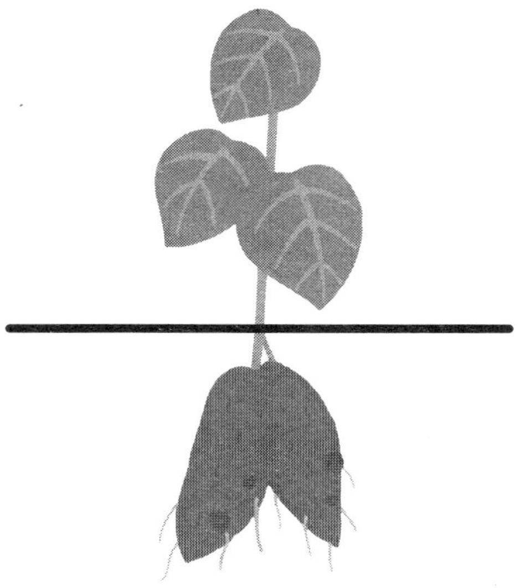

①

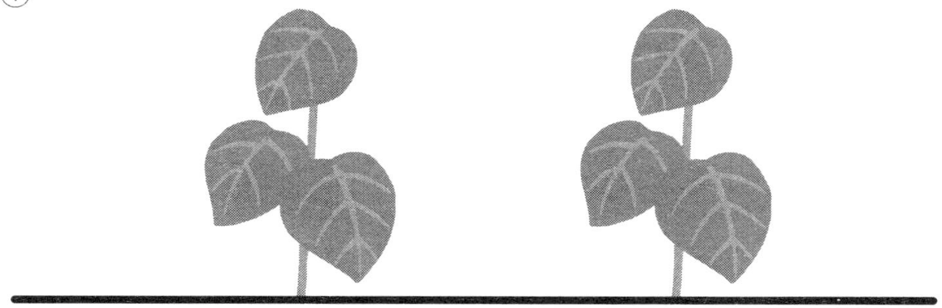

②

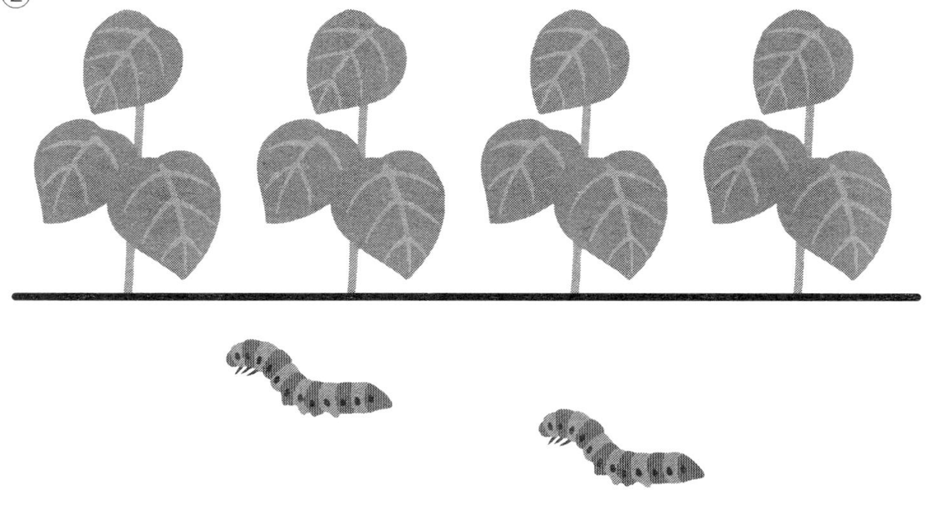

☆星野学園小学校

2022 年度 西武文理・星野学園 過去　無断複製／転載を禁ずる　　日本学習図書株式会社

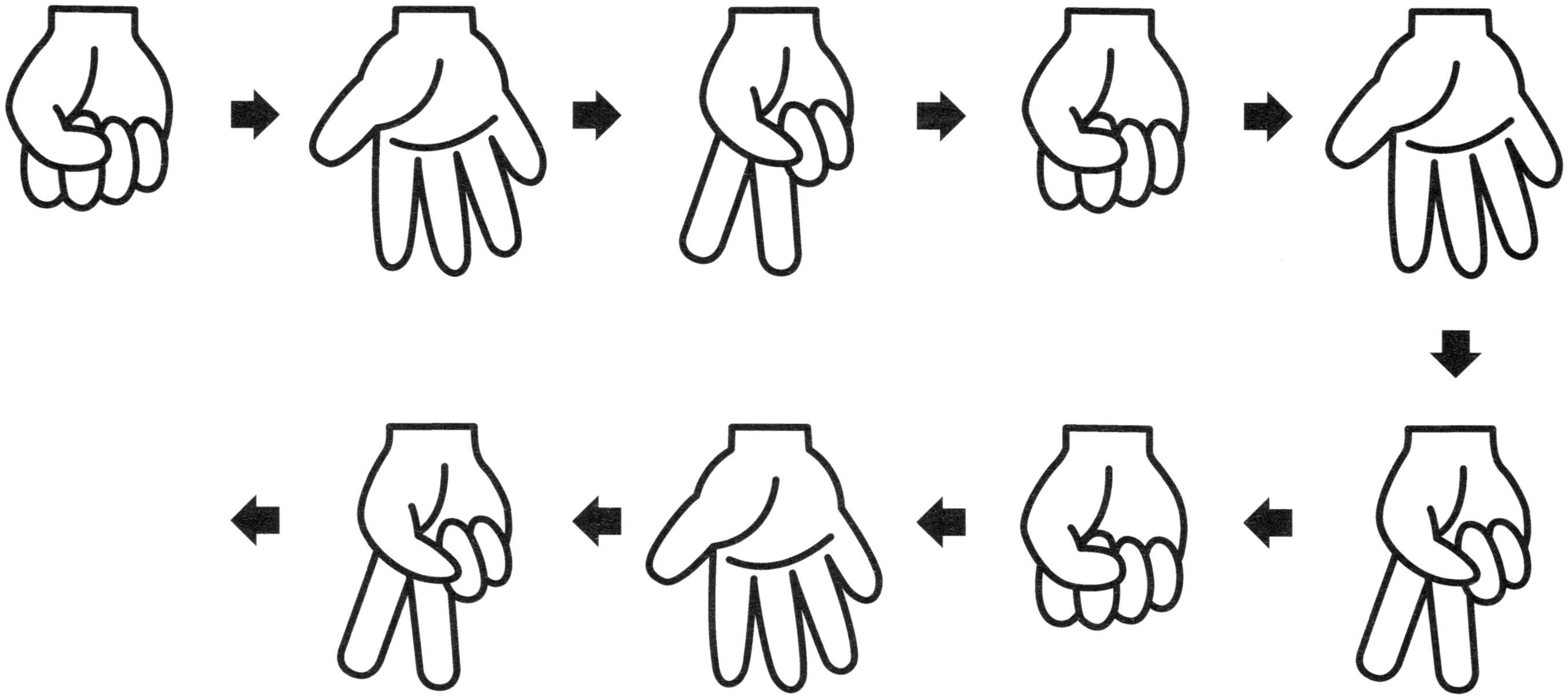

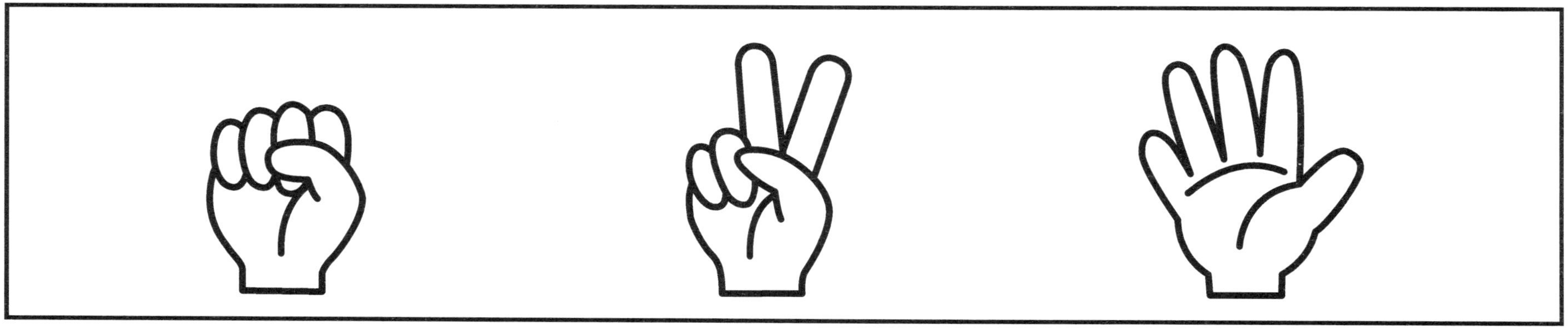

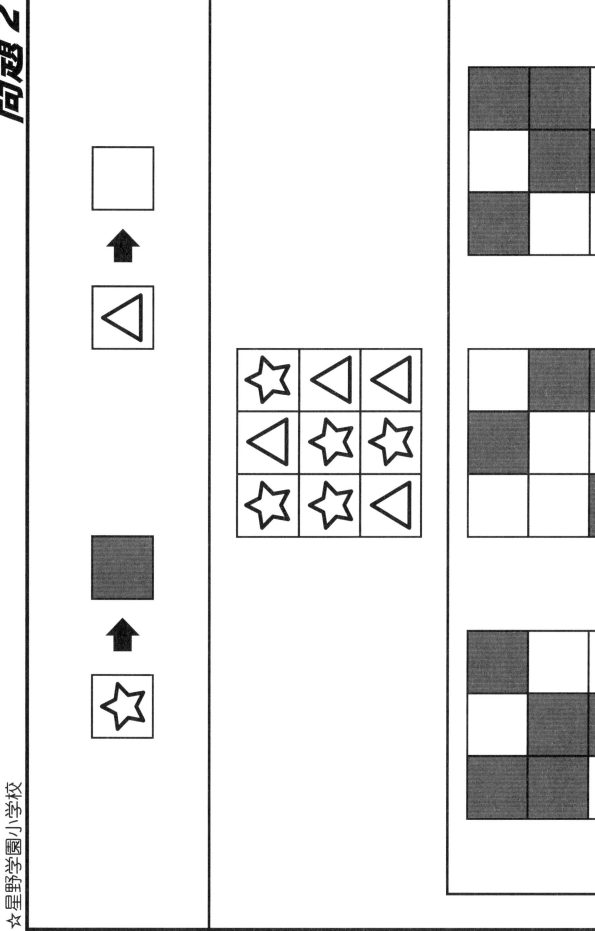

問題２８

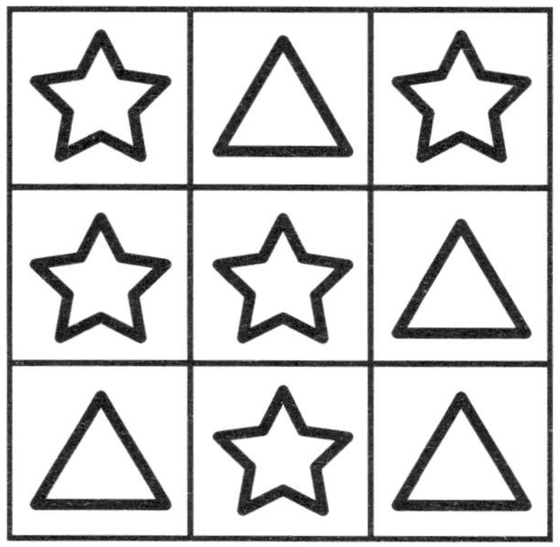

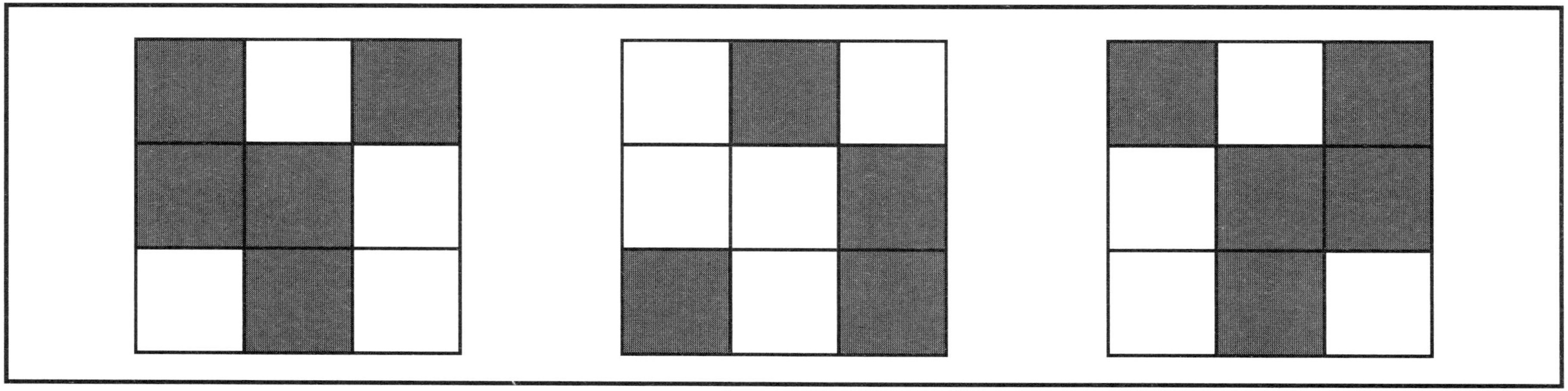

☆星野学園小学校

問題２９

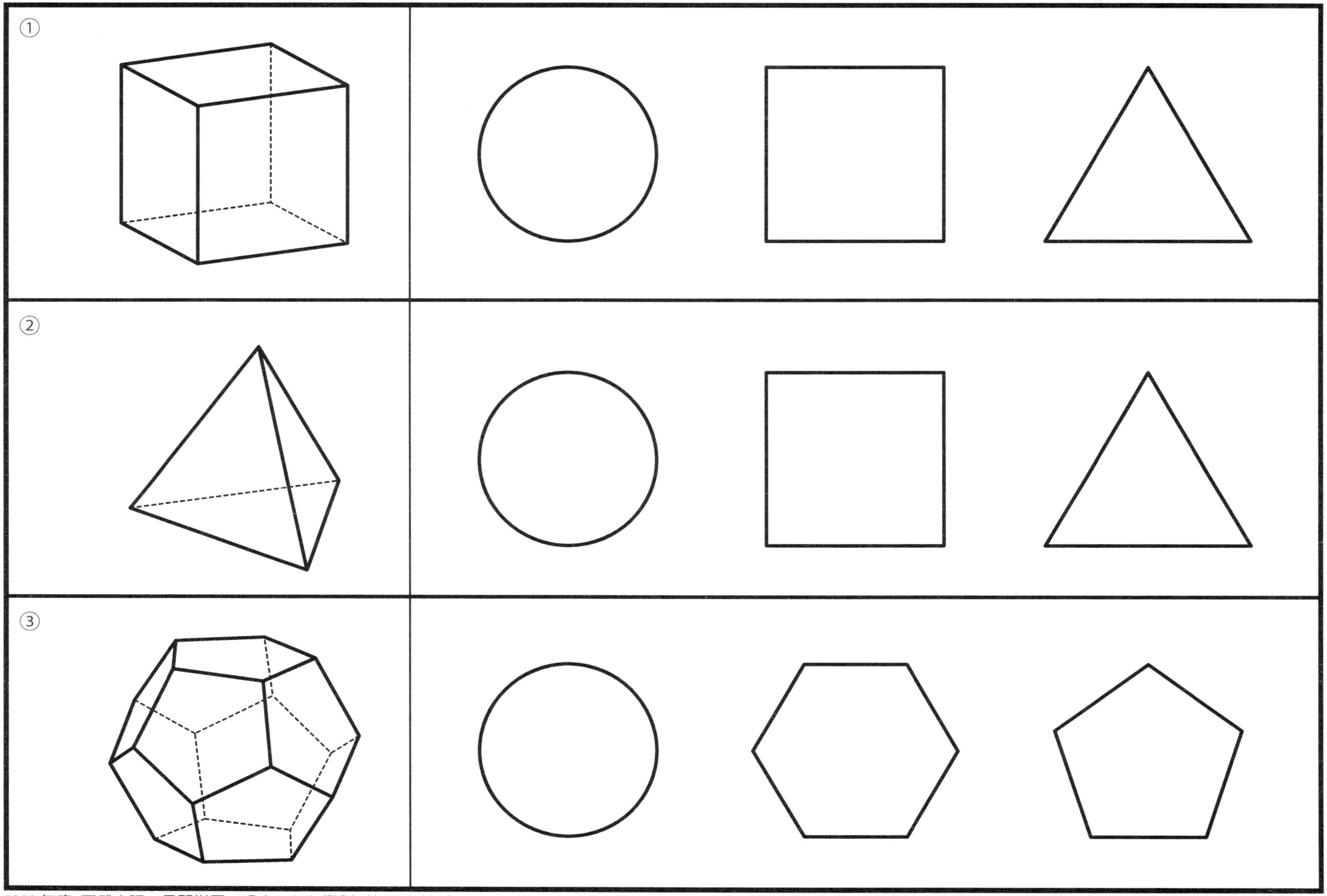

2022 年度　西武文理・星野学園　過去　無断複製／転載を禁ずる　日本学習図書株式会社

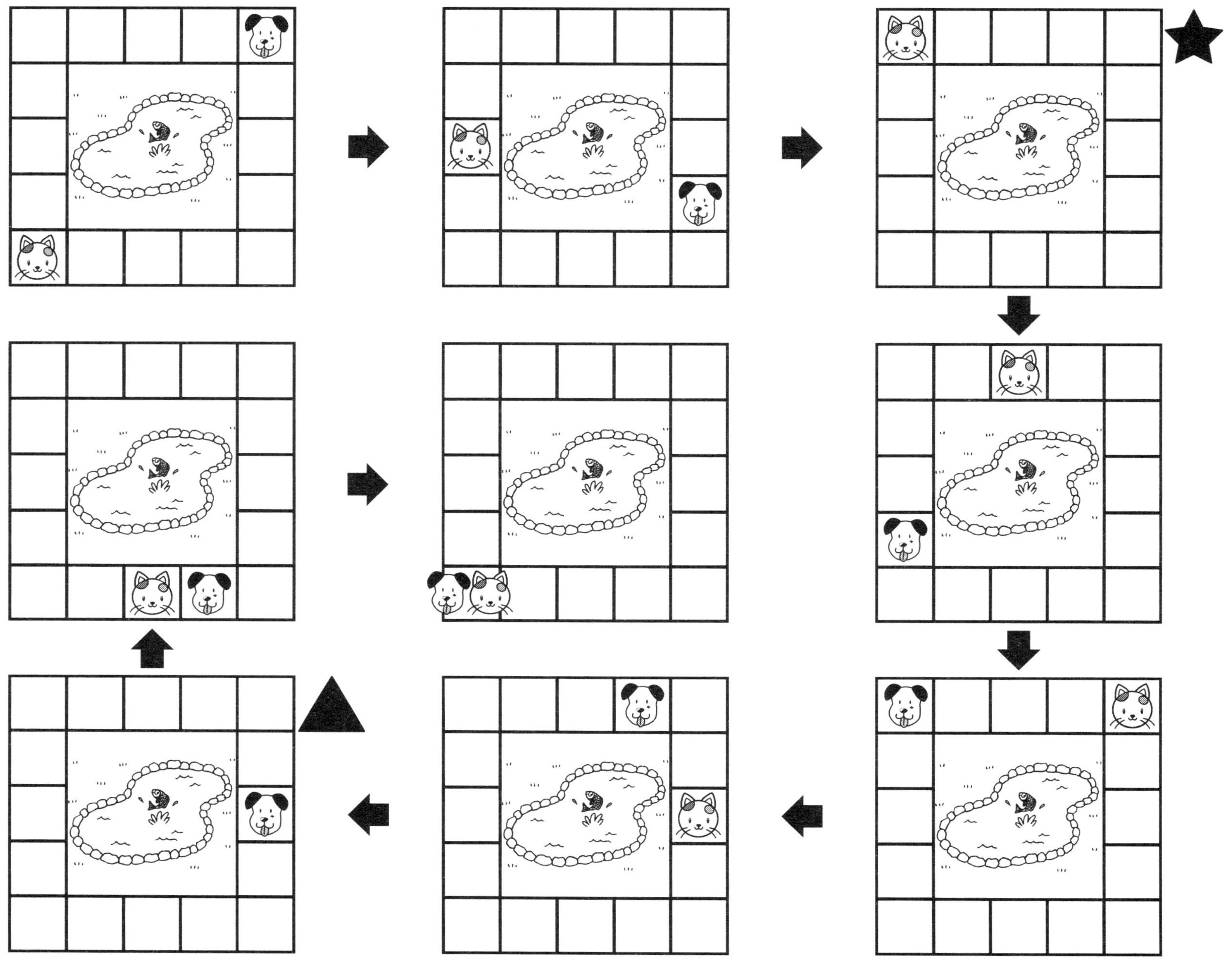

②

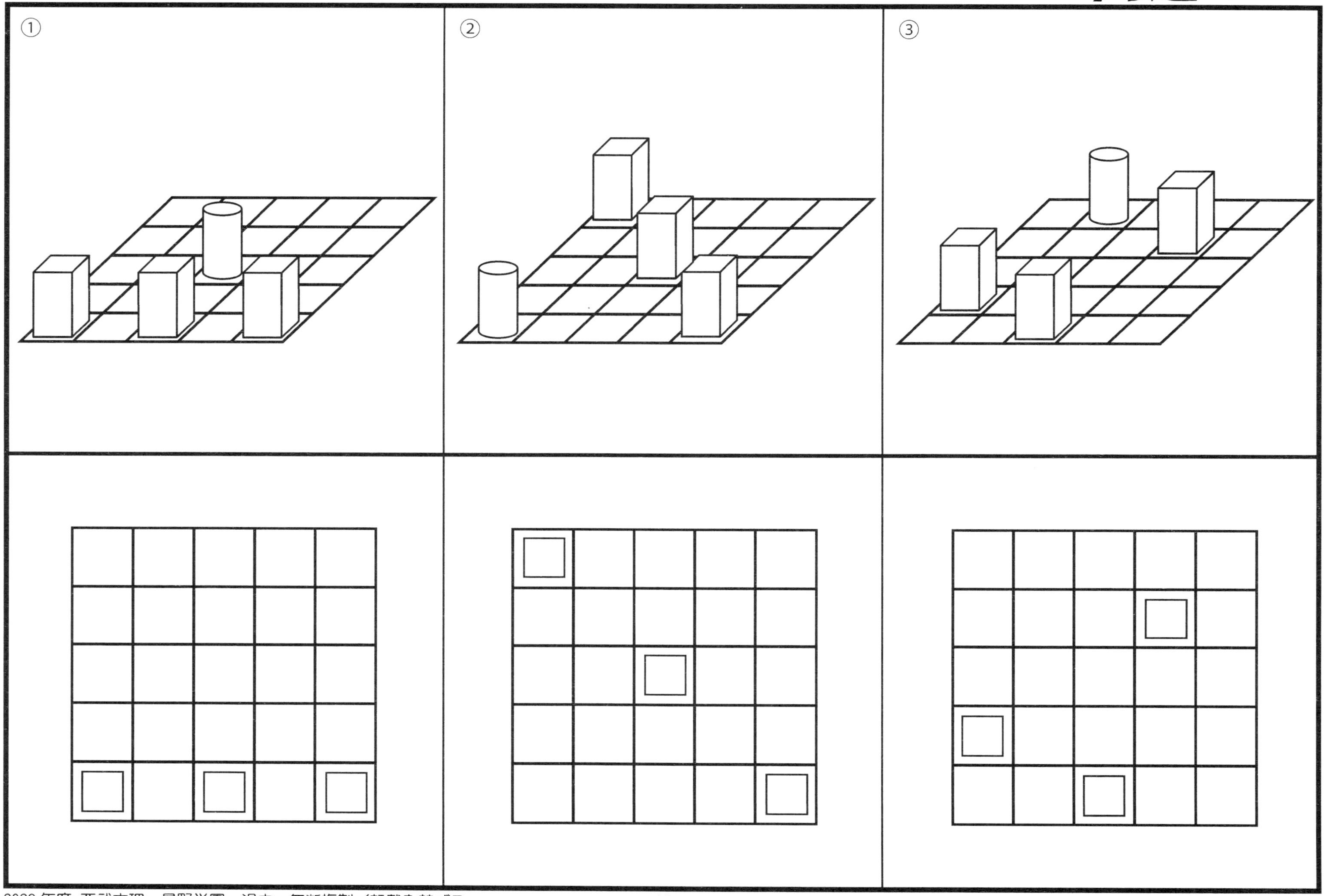

問題３２

問題３３

①

②

③

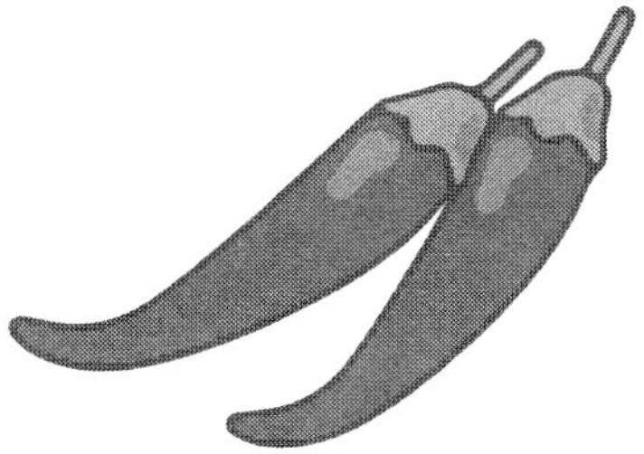

☆星野学園小学校

①②

2022 年度　西武文理・星野学園　過去　無断複製／転載を禁ずる　　　日本学習図書株式会社

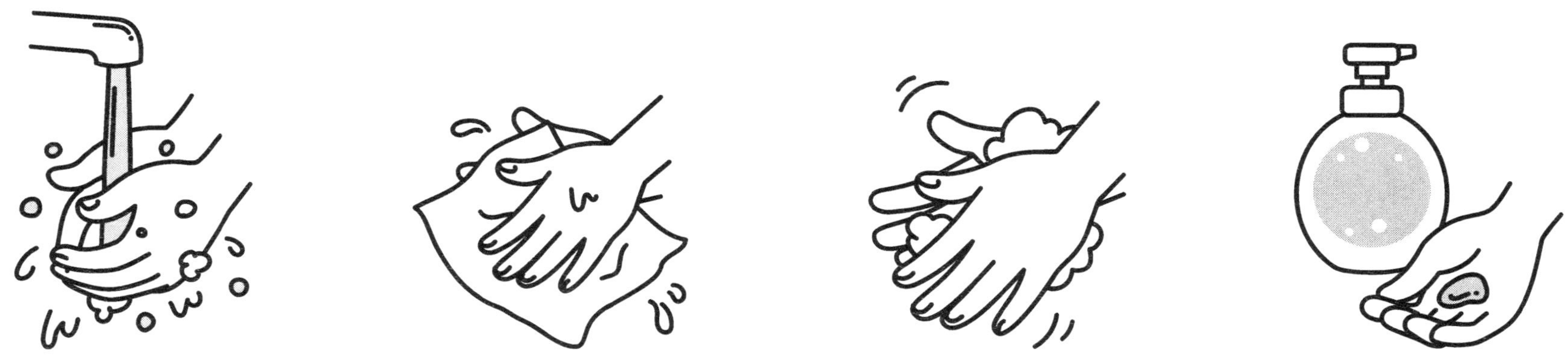

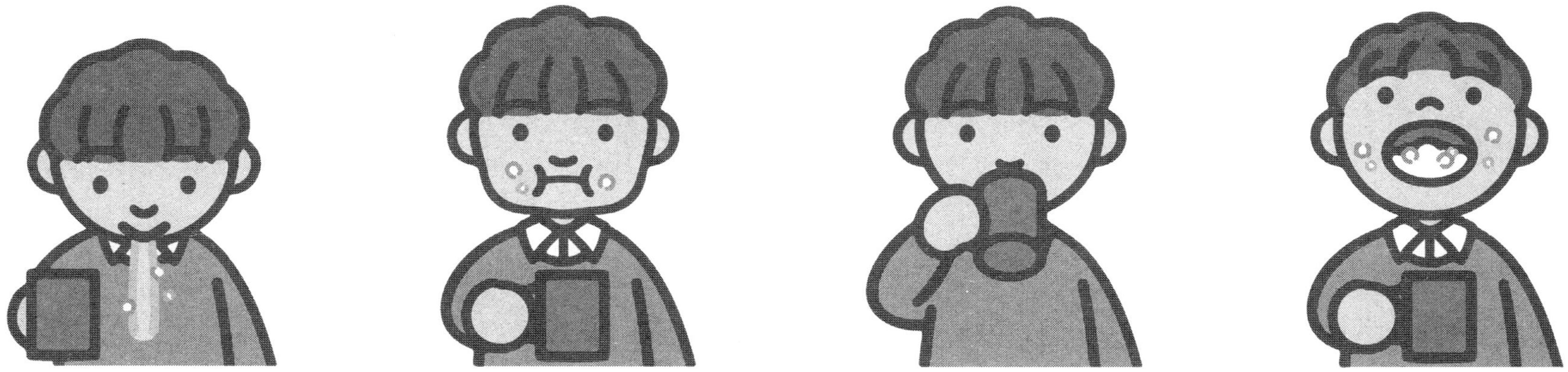

問題３５

①ケンパー

②片足立ち

③両足ジャンプ→サイドステップ

④コーンタッチ

2021年度入試
解答例・学習アドバイス

解答例では、制作・巧緻性・行動観察・運動といった分野の問題の答えは省略されています。こうした問題では、各問のアドバイスを参照し、保護者の方がお子さまの答えを判断してください。

問題24　分野：お話の記憶

〈解 答〉　①○：8　②屋根を赤で塗る　③右下（ヒマワリ）　④水筒を青で塗る
⑤左上　⑥左下（トンボ）　⑦○：8　⑧右上（水玉柄）

当校のお話の記憶は質問数が多いことが特徴と言えます。質問自体はそれほど難しくありませんが、質問の数が多い分だけしっかりとお話の流れを理解し、その内容を覚えておく必要があります。また、質問ごとに違った色での解答が求められるので、何を問われているのかと同時に、どの色を使って解答するのかという点も聞き逃してはいけません。そうしたことから本問では「聞く」ことが重視されています。お話を聞くことはもちろんですが、質問もしっかりと聞くようにしてください。「聞く」ことは、お話の記憶に限らず小学校受験全般で求められる最も基本的な力になるので、おろそかにしないようにしてください。

【おすすめ問題集】
1話5分の読み聞かせお話集①・②、お話の記憶問題集 初級編・中級編・上級編、
Ｊｒ・ウォッチャー19「お話の記憶」

問題25　分野：数量（選んで数える、見えない数）

〈解 答〉　①左から2番目（マグロ）　②左端（ピーマン）　③○：2　④○：4

①②では、何がいくつあってどれが1番多いのかが問われています。簡単なように見えますが、問題の中には「選ぶ」「数える」「比較する」という3つの要素が含まれているのです。もし、お子さまが本問でつまずくようであれば、保護者の方はどこで間違ってしまったのかを把握しておくようにしてください。③④では、全体の数から左手に載っているアメの数をひくということがすぐに理解できるかがポイントになります。考え方がわかれば簡単な問題ですが、何を問われているのかがきちんと理解できないと難しく感じてしまいます。お子さまが何を理解できて何が理解できないのかを見極めることは保護者の方の大切な役割です。

【おすすめ問題集】
Ｊｒ・ウォッチャー15「比較」、37「選んで数える」、38「たし算・ひき算１」、
39「たし算・ひき算２」、44「見えない数」、58「比較②」

問題26　分野：数量（一対多の対応）

〈解 答〉　①○：4　②○：6

かけ算の基礎となる一対多の対応の問題です。ただ、実際にかけ算ができる必要はありません。日常生活でも一対多の対応は自然と使われています。例えば、1人に2つずつアメを配るというのも一対多の対応です。小学校受験に出題される多くのことは生活の中で学ぶことができます。そうした知識をペーパーできるようにすることが受験対策になります。ペーパー学習だけが受験学習ではありません。生活の中で学習の基礎を養うことは、本質的な理解にもつながっていきます。保護者の方は、小学校受験は生活の延長線上にあることを理解した上で、学習に取り組むようにしてください。

【おすすめ問題集】
Ｊｒ・ウォッチャー42「一対多の対応」

問題27　推理（系列）

〈解 答〉　右（パー）

問われているのは、相手が次にどんな手を出すかではなく、その手に勝つための手です。問題をよく聞いていないと、勘違いしてしまうかもしれません。系列の問題としては難しいものではないので、何を問われているのかを理解できていれば問題なく正解できるでしょう。こうした、問題自体の難しさではなく、問題の出し方にひねりを加えた出題方法が最近よく見られるようになってきています。以前は解答用紙を見ればどんな問題なのすぐにわかることが多かったのですが、問題を見ただけでは何の問題かわからず、読み上げられる問題を聞いてはじめてわかることも多くなっています。最後までしっかりと問題を聞いてから解答することを徹底するようにしましょう。

【おすすめ問題集】
Ｊｒ・ウォッチャー6「系列」

問題28　分野：図形（置き換え）

〈解 答〉　左

置き換えとはいっても、1つひとつ置き換えていくだけの作業的な問題です。ミスをしなければ解ける問題なので、確実に正解できるようにしておきましょう。こうした問題を間違えてしまうと、ほとんどの志願者が正解する分大きなマイナスになってしまいます。簡単な問題だからといって気を抜かずに集中して問題に取り組むようにしてください。ケアレスミスでの不正解もまったくわからなかった不正解も、ペーパーテストでは同じ扱いです。難しい問題ができるようになるためには時間がかかりますが、単純なミスをなくすことにそれほどの時間はかかりません。確認や見直しの意識を持つように心がけましょう。

【おすすめ問題集】
Ｊｒ・ウォッチャー57「置き換え」

問題29　分野：図形（図形の構成）

〈解答〉　①真ん中　②右　③右

平面ではなく形を組み合わせて立体を作る図形の構成です。こうした問題は、手を動かして考えることで感覚が磨かれていきます。ペーパー上で考えるのではなく、実際に選択肢の形を切り取って（何枚かコピーして）、左端の形が作れるのかトライしてみてください。そうした、手を動かさないとわからないこともあります。形を動かして目で見るという経験は、ペーパー学習の基礎になるだけでなく、より深い理解にもつながっていきます。ペーパーだけではどうしてもパターン学習になりがちで、学習したこと以外の応用が利きません。ものを使った学習を面倒がらずに行うことで、基礎から応用まで使える力が身に付くのです。

【おすすめ問題集】
Ｊｒ・ウォッチャー45「図形分割」、54「図形の構成」

問題30　分野：図形（位置の移動）

〈解答〉　下図参照

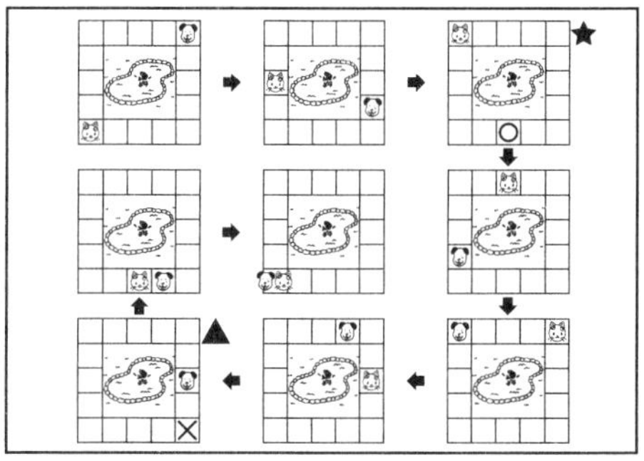

イヌとネコの動きを同時に把握しなければいけないように感じてしまうかもしれませんが、別々に動かしていけばシンプルに考えることができます。左上のスタートの位置と次の位置を見るとイヌは３マス、ネコは２マス進むことがわかります。①ではイヌだけを、②ではネコだけを動かせばよいのです。しかも、スタートの位置から数える必要もありません。①は★の１つ前のところからイヌを３マス進めた位置が正解になります。②も同様のやり方ですぐに答えることができます。複雑に見える問題は分割して考えるようにしてみてください。１つひとつ考えていけばそれほど難しくはないはずです。

【おすすめ問題集】
Ｊｒ・ウォッチャー31「推理思考」、47「座標の移動」

問題31　分野：図形（四方からの観察・座標）

〈解答〉　下図参照

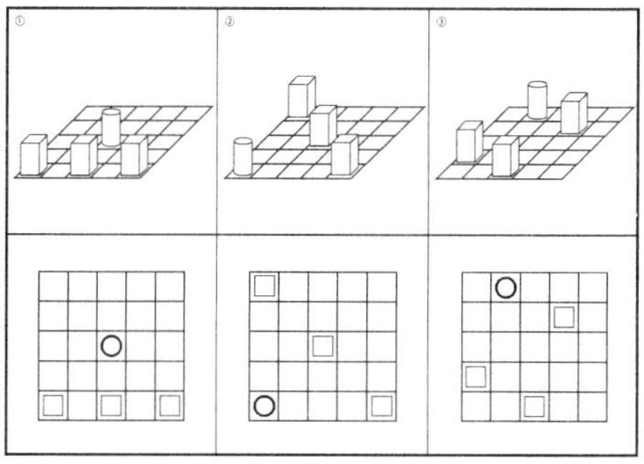

四方からの観察と座標の複合的な問題です。座標を意識するためには、「何となくここ」ではなく、「上から○番目、左から○番目」というように言葉で説明するようにしましょう。そうした意識を持つことで確実にミスは減ります。また、当校では、「平面→立体」「立体→平面」を考えさせる問題がよく出題されます。積み木とマス目を用意して、さまざまな角度から見ることも理解を深めるには有効です。実際に見ることで、保護者の方が思っている以上にたくさんの経験や知識を得ることができます。経験をベースにした学習を大切にしてください。

【おすすめ問題集】

Ｊｒ・ウォッチャー２「座標」、10「四方からの観察」

問題32　分野：常識（理科）

〈解答〉　下図参照

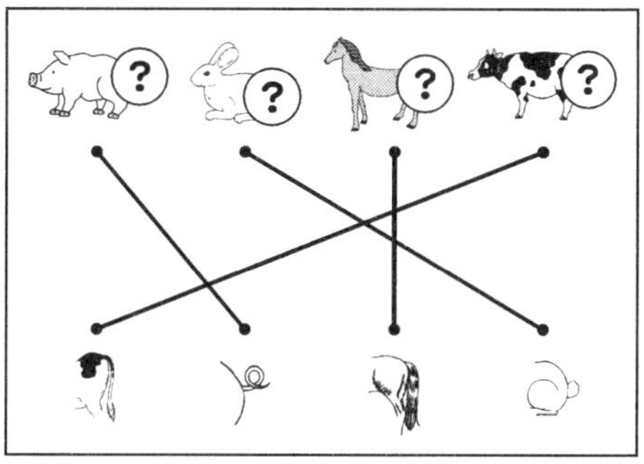

上の段に描かれている動物を知らないというお子さまはいないと思いますが、しっぽの形まで認識できているでしょうか。こうした問題は、受験知識として知っているかどうかではなく、興味や関心の幅を観ていると言えます。動物の名前を知っているだけでなく、「何を食べるのか」「どこに住んでいるのか」など、もっと知りたいと思う気持ちが知識の幅を広げていきます。お子さまがさまざまなことに興味を持てるように、保護者の方はサポートしてあげてください。自発的に学ぶことができるようになれば、お子さまは自然と伸びていきます。

【おすすめ問題集】

Ｊｒ・ウォッチャー27「理科」、55「理科②」

問題33　分野：常識（いろいろな仲間）

〈解答〉　①真ん中（せんべい）　②左（カレーライス）　③右（トウガラシ）

①は洋菓子（甘い）と和菓子（しょっぱい）、②はごはんと麺、③はすっぱいと辛いに分けることができます。もしお子さまがそれ以外の答えを選んだ時には、間違いと決めつけるのではなく、理由を聞いてあげてください。思いもよらぬ分け方をしているのかもしれません。そうした幅広い考え方ができることは決して悪いことではありません。もし口頭試問での出題だった場合は、個性的な発想は高い評価を受けることもあります。ただ、本問はペーパーテストなので、選んだ答えで評価されます。お子さまの考えを理解してあげた上で、一般的な解答を選べるように導いてあげてください。

【おすすめ問題集】
Ｊｒ・ウォッチャー11「いろいろな仲間」

問題34　分野：常識（日常生活）

〈解答〉　①右から２番目　②右端

手順を４段階で示しているので、少しわかりにくい部分もあるかもしれません。それぞれの順番を説明していくと、①では右端（ハンドソープをつける）→右から２番目（手を洗う）→左端（水で流す）→左から２番目（手を拭く）、②では右から２番目（水を口に含む）→左から２番目（ブクブクする）→右端（ガラガラする）→左端（水を吐き出す）となります。日常的に行っていることではあると思いますが、ふだん行っていることでも、あらためて順番を思い出そうとすると考えてしまうこともあります。こうした機会にあらためて正しい方法（手順）を意識しておくとよいでしょう。

【おすすめ問題集】
Ｊｒ・ウォッチャー12「日常生活」

問題35　分野：運動

〈解答〉　省略

例年行われているサーキット運動です。年度によって課題に変化はありますが、それほど難しいものではありません。課題ごとにそれぞれ指示があるのでその指示を守ることが１番のポイントと言えるでしょう。課題ができるかどうかはそれほど重要なことではありません。できなかったとしても一生懸命取り組む姿勢があれば、それほど悪い評価を受けることはないでしょう。ノンペーパーテスト全般に言えることですが、結果がすべてではありません。むしろ、どう取り組んだのかという過程の方が重視される傾向にあります。運動が苦手でもあきらめずに取り組む姿勢を見せることができれば問題ありません。

【おすすめ問題集】
新 運動テスト問題集、Ｊｒ・ウォッチャー28「運動」

問題36　分野：制作・行動観察

〈解答〉　省略

制作＋行動観察という例年行われている課題です。制作では「塗る」「切る」「貼る」という基本的な作業が求められます。それほど制作物に差の出る課題ではないので、作業の１つひとつをていねに行うように心がけてください。制作物にそれほど差が出ない課題の場合は、その作業を観られていることが多いので気を付けておきましょう。行動観察では、制作で作った動物のものまね（ジェスチャー）をします。ものまねの出来で評価が決まることはないので、のびのびと楽しみながら課題を行ってください。恥ずかしがり屋のお子さまもいるかと思いますが、あまり消極的になってしまうとよい印象にはなりません。少しずつでも慣れておくようにしてください。

【おすすめ問題集】

Ｊｒ・ウォッチャー23「切る・貼る・塗る」、29「行動観察」

問題37　分野：親子面接

〈解答〉　省略

回答に詰まってしまうような難しい質問はありません。保護者には志願者に関する、志願者には保護者に関する質問が行われることが多いので、保護者間はもちろん、親子間でも意思統一を図っておくようにしましょう。過去問などを参考にしてどんな面接が行われるのかを把握しておくとよいでしょう。ただ、どんな回答をするのかはご自身でしっかりと考えるようにしてください。学校は保護者や志願者がどんな人なのかを知りたいのです。マニュアル通りの回答ではそれは伝わりません。自分の考えとこの学校に入学させたいという気持ちをしっかり伝えることが面接の基本になります。

【おすすめ問題集】

新 小学校受験の入試面接Ｑ＆Ａ、家庭で行う面接テスト問題集、
保護者のための面接最強マニュアル

2020年度の過去問題

問題38　分野：お話の記憶

〈準備〉　クーピーペン（12色）

〈問題〉　お話を聞いて、後の問いに答えてください。

クマ太郎の家族は、新しい家へ引っ越すことになっています。今日はその新しい家が出来上がったということでみんなで見に行くことにしました。お父さんが車を運転し、さっそく向かいました。妹のクマ子は、はじめて自分の部屋を持てるのでとても楽しみにしていました。クマ太郎たちは新しい家に着いて、さっそく中を見ました。以前住んでいた家よりも大きいので、クマ太郎とクマ子は大はしゃぎです。お母さんがキッチンに立っていたので、クマ太郎は「お母さん、そのキッチンすごく似合っているよ」と言いました。するとお母さんはうれしそうに「これからおいしいものいっぱい作るね」と言いました。お父さんが「そうだ、クマ子の部屋に置くベッドを買わないといけないな」と言ったので、みんなで家具屋へ行くことにしました。「さあ、みんな出発だよ」と車を走らせようとした時、隣の家のイヌの夫婦が出てきたので、みんなでその夫婦に挨拶をしました。とても優しそうな人たちで、家族みんな安心しました。イヌのおじさんがクマ子に「よかったらどうぞ」と赤い風船を渡してくれました。クマ子は「ありがとう」と言いました。イヌの夫婦と別れた後、家具屋へ向かいました。家具屋の前にはアジサイがたくさん咲いていてとてもきれいでした。ベッドコーナーへ行き、いろいろなベッドを見ていましたが、クマ子はあまりうれしそうではありません。クマ太郎が「どうしたの？」と聞くと、「ベッドを買うと１人で寝ないといけないでしょ？　クマ子、まだお母さんといっしょに寝たい」と言うので、お父さんは「そっか、じゃあベッドを買うのはやめて、みんなで座れるソファを買おう！」と言い、とても大きいソファを買うことにしました。家具屋から出て、お母さんが「せっかくだし、今日はレストランで食べて帰りましょう」と提案したので、帰りにレストランへ行きました。お父さんはハンバーグ、お母さんはスパゲッティ、クマ太郎はオムライス、クマ子はラーメンを食べて家へ帰りました。

（問題38-１の絵を渡す）

①クマ太郎の家族は何人ですか。四角の中にその数だけ、青色のクーピーペンで〇を書いてください。

②隣の家に住んでいるのはどの動物ですか。四角の中から選んで、橙色のクーピーペンで〇をつけてください。

③クマ子は何色の風船を隣の家の人からもらいましたか。絵にその色を塗ってください。

（問題38-２の絵を渡す）

④このお話の季節はいつですか。四角の中から選んで、茶色のクーピーペンで〇をつけてください。

⑤クマ太郎の家族が家具屋で買ったものは何ですか。四角の中から選んで、黄緑色のクーピーペンで〇をつけてください。

⑥クマ太郎がレストランで食べたものは何ですか。四角の中から選んで、黒色のクーピーペンで〇をつけてください。

〈時間〉　各20秒

〈解答〉　①〇：４　②左から２番目（イヌ）　③赤色に塗る
④右から２番目（夏：蚊取り線香）　⑤左端（ソファ）
⑥左から２番目（オムライス）

［2020年度出題］

学習のポイント

当校のお話の記憶は質問数が多いのが特徴です。質問自体も季節や色を塗るということが例年よく出題されているので、それらに注意してお話を聞き取るようにしてください。このお話の記憶のように、質問が多いとお話を整理することが難しくなってしまいます。「〇〇が何をした」ということを意識して、聞き取るようにしてください。その際、頭の中で絵にすると記憶しやすくなります。例えば、クマ太郎の家族が新しい家から出たら、隣の家のイヌの夫婦を見かけた。家族で挨拶をしたら、クマ子は赤い風船をもらった」という流れをイメージします。このようにお話の流れを絵にする意識をするだけでも、お話を記憶しやすくなります。

【おすすめ問題集】

1話5分の読み聞かせお話集①・②、お話の記憶問題集 初級編・中級編・上級編、Ｊｒ・ウォッチャー19「お話の記憶」

問題39　分野：数量（ひき算）

〈準 備〉　クーピーペン（赤）

〈問 題〉　チョウチョが1匹ずつ花の蜜を吸います。チョウチョがすべての花の蜜を吸う場合、チョウチョはあと何匹必要でしょうか。その数だけ下の四角に○をつけてください。

〈時 間〉　1分30秒

〈解 答〉　①○：2　②○：5

［2020年度出題］

学習のポイント

チョウチョと花の数の差を見つける問題です。その差を「ひき算」してくださいと言えば、この年齢のお子さまは理解できるでしょう。描かれているものはどれも10以下の数なので、一見すればいくつか答えられるでしょう。ですからお子さまが間違えたのであれば、それぞれの数の差を出す時ではないでしょうか。この問題は2通りの解き方があります。1つ目は、それぞれの数を数えてからその差を引くという方法です。①で具体的に言うと、チョウチョを3匹、花を5本数えてからそれらの数をひきます。2つ目は、チョウチョと花1つずつをセットとして数え、余りを出すという方法です。この方法で②を解いていけば、花が5本余ることから、チョウチョが5匹必要ということがわかります。お子さまが解きやすい方法を見つけ、それを繰り返し学習をしていけば問題はないでしょう。

【おすすめ問題集】

Ｊｒ・ウォッチャー14「数える」、37「選んで数える」

問題40　分野：数量（一対多の対応）

〈準　備〉　クーピーペン（赤）

〈問　題〉　３台の車には、いくつタイヤが必要でしょうか。１台分ずつ○をつけてください。

〈時　間〉　１分

〈解　答〉　下図参照（解答例）

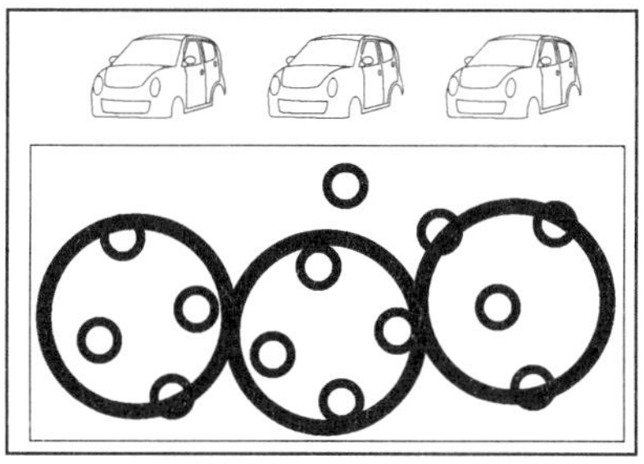

［2020年度出題］

学習のポイント

まず、車のタイヤは４つで１台分ということをわかっていることが前提で問題が出題されています。１台分（タイヤ４つ）に○をつけてくださいと指示があるので、その○の中にタイヤが４つ、そしてその○が３つあれば正解です。この前提さえわかっていれば、あまり難しくない問題です。この問題で注意しておきたいのは、指示の聞き間違いでしょう。指示を聞き間違えて、タイヤ１つずつに○をつけてしまったなどのケアレスミスは注意しましょう。その○の数が12個で合っていても、正解にはなりませんし、かなりもったいないことです。よく指示を聞いてから問題を解き始める、という当たり前のことをきちんと取り組めるように意識していきましょう。

【おすすめ問題集】
　Ｊｒ・ウォッチャー42「一対多の対応」

問題41　分野：推理（迷路）

〈準　備〉　クーピーペン（赤）

〈問　題〉　迷路を進んでいき、●のところへたどり着ける動物はどれでしょうか。その動物に○をつけてください。

〈時　間〉　１分

〈解　答〉　サル

［2020年度出題］

学習のポイント

ここで観られているのはすぐにどの方向が正しいか見つけられるかどうかです。迷路を見てみると、迷路の始点となる動物が８匹います。それぞれの動物から１つずつ迷路を始めていっては、おそらく解答時間内にすべての動物までに手が回らないでしょう。ですから、終わりから始まりへと逆行して進んでいけばすぐにその方向がわかります。この迷路の問題はこの方法で解いていけば構いませんが、始点が１つしかない迷路の場合は、観点が変わってきます。そのような迷路の場合、線をきれいに引くことなどの運筆の要素が観られていると思ってください。

【おすすめ問題集】

Ｊｒ・ウォッチャー７「迷路」

問題42　分野：推理（置き換え）

〈準備〉　クーピーペン（赤）

〈問題〉　**この問題の絵は縦に使用してください。**
上の段を見てください。ペットボトル１本とコップ２つとワイングラス４つは置き換えることができます。では、左の太い四角の中のものは右の四角の中のどれと置き換えることができるでしょうか。選んで○をつけてください。

〈時間〉　１分

〈解答〉　①左から２番目　②左から２番目　③左から２番目

［2020年度出題］

学習のポイント

上の条件に沿って、ものを置き換える問題です。この問題を解く時のポイントとしてはもの１つに対して置き換える数を把握しておくということです。ペットボトルはコップ２つ、コップ２つはワイングラス４つと置き換えられるということを把握して問題に取り組んでいきましょう。このようにして解いていけば①は、ワイングラス２つの置き換えを聞いているので、コップ１つとすぐに正解を導き出すことができます。②③も同様に取り組んでいけばよいということです。この説明でお子さまが理解していないようであれば、実際におはじきなどを使って、数を置き換えてみましょう。ペットボトルを青、コップを赤、ワイングラスを黄色のおはじきに置き換えて、おはじきの数の変化を確認しましょう。お子さまはおはじきの色の変化を確認することで、置き換えるということを理解していきます。

【おすすめ問題集】

Ｊｒ・ウォッチャー57「置き換え」

問題43　分野：推理（系列）

〈準備〉　クーピーペン（赤）

〈問題〉　**この問題の絵は縦に使用してください。**
①の絵を見てください。左の動物たちはあるお約束にしたがって動いています。下の？の四角にはどのように動物たちが並んでいるでしょうか。右の四角の中から選んで○をつけてください。②も同じように選んでください。

〈時間〉　１分

〈解答〉　①下から２番目　②上から２番目

［2020年度出題］

学習のポイント

ある「お約束」にしたがって動いている動物たちの並び方を答える「系列」の問題です。次の動きを推測するためには動き方の「お約束」を見つけなければいけません。①を見てみると、上の段の動物の並びが「ネコ、ウサギ、ネズミ、ゾウ」の順番です。次にその下を見ると、「ウサギ、ネズミ、ゾウ、ネコ」。さらに下を見ると「ネズミ、ゾウ、ネコ、ウサギ」と動物が移動していることがわかります。つまりここでの「お約束」は動物たちが１つずつ左へ進み、左端まできた動物は右端へ行くということがわかります。このお約束を踏まえれば、答えは「下から２番目」ということがわかります。言葉で説明しにくいならば、それぞれの動物をおはじきなどに置き換えて、実際に動かして見てみるとお子さまは理解が深まりますのでやってみてください。

【おすすめ問題集】
Ｊｒ・ウォッチャー６「系列」

問題44　分野：図形（鏡図形）

〈準備〉　クーピーペン（赤）

〈問題〉　**この問題の絵は縦に使用してください。**
上の記号を鏡で見るとどのように見えるでしょうか。下の四角の中から選んで○をつけてください。

〈時間〉　30秒

〈解答〉　①左下　②右上

［2020年度出題］

学習のポイント

上の図形を鏡に映したらどのように見えるか答える「鏡図形」の問題です。鏡に映すと、上下はそのままですが、左右が反転して見えるという特徴があります。この特徴に注意して①の問題を見ると、正解は左下の図形だとわかるでしょう。この特徴をお子さまに理解させるには、実際にものを鏡に映すということをお子さまに経験させてから取り組ませましょう。最初からこの問題の類題をペーパー学習で何度もこなすよりは、実際に見てみることで、問題で聞かれている意味が理解しやすくなるからです。

【おすすめ問題集】
Ｊｒ・ウォッチャー48「鏡図形」

問題45　分野：図形（合成）

〈準備〉　クーピーペン（赤）

〈問題〉　**この問題の絵は縦に使用してください。**
上の四角の中の図形を作る時に使わないパーツを下の四角の中から選んで○をつけてください。

〈時間〉　１分30秒

〈解答〉　下記参照

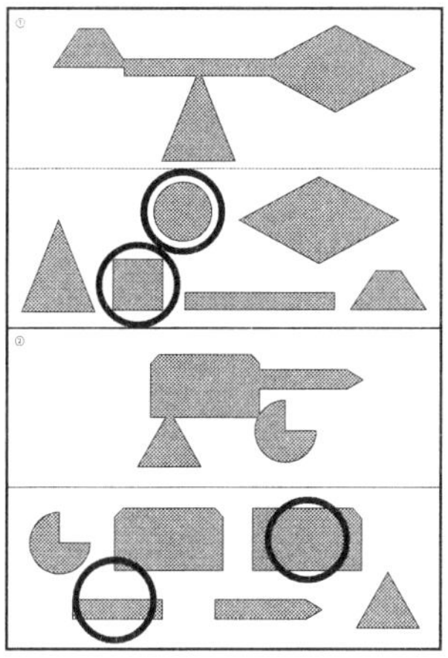

［2020年度出題］

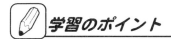

学習のポイント

下のパーツを使って上の図形を作る時に、使わないパーツがどれか答える問題です。下の選択肢と見本の図形を見ればわかる通り、使われている図形がそのままの形でシルエットになっているので、どのパーツが使われているのかすぐに気付けると思います。この問題に限らず、どの図形分野の問題にも言えることですが、積み木やタングラムを使って、実際に図形を動かすことをしてみてください。この経験が１度でもあるのとないのとでは、図形に対する理解が違います。例えば、三角形と三角形をつなげると四角になるなどはペーパー学習で理解するよりは１度実際につなげてみるという経験をした方が効果的であるようにです。

【おすすめ問題集】
　Ｊｒ・ウォッチャー９「合成」

問題46　分野：図形（四方からの観察）

〈準備〉　クーピーペン（赤）

〈問題〉　左の図形は、右の四角のどの図形を上から見たものでしょうか。選んで○をつけてください。

〈時間〉　１分30秒

〈解答〉　①左下　②右下

［2020年度出題］

学習のポイント

上から見下ろした図形をどれか見つける「四方からの観察」の問題です。この問題の絵を見ればわかる通り、図形というのは視点によって見え方が変わってきます。このことはお子さまにとってはイメージしながら答えなければならないので、保護者の方が思っている以上に難しいと言えます。ですから、そのイメージをしやすくするために、前問でも言っていますが「実物を使った学習」をして、図形に慣れていくというのが１番効率的な学習方法になります。問題と同じように積み木を立てて、さまざまな角度から見てください。角度によっては、手前にある積み木に隠れて見えないものがあるなどのさまざまな発見があると思います。実際に見ることで、次のペーパー学習で類題を解く時にある程度のイメージがつかむことができます。

【おすすめ問題集】
　Ｊｒ・ウォッチャー10「四方からの観察」、53「四方からの観察　積み木編」

問題47　分野：常識（理科、日常生活）

〈準 備〉　クーピーペン（赤）

〈問 題〉　①卵を産む生きものに○をつけてください。
②そのまま口に運べる食べものに○をつけてください。
③さまざまな音を出す楽器に○をつけてください。

〈時 間〉　1分

〈解 答〉　①右端（ニワトリ）　②左から2番目（アイスクリーム）
③左端（ピアノ）

［2020年度出題］

学習のポイント

当校では常識分野の問題も、例年よく出題されています。特に決まったジャンルの常識が出題されるということはなく、ここでも、①動物の生まれ方のような理科的なもの、②食器を使って食べるものなどの日常生活要素のもの、③楽器の知識が問われる一般常識のように幅広く出題されているのが特徴と言えます。常識分野の問題でお子さまが間違えても特に心配する必要はありません。知識量を増やせばよいだけです。最近ではインターネットなどで「触れる」機会も多くなりました。わからないことがあれば、さまざまなメディアを駆使して「触れる」ことを積極的に行っていきましょう。

【おすすめ問題集】
Ｊｒ・ウォッチャー12「日常生活」、27「理科」、55「理科②」

問題48　分野：常識（理科、日常生活）

〈準 備〉　クーピーペン（赤）

〈問 題〉　①②左のものが棲息している場所で正しいものに○をつけてください。
③　左のものをしまう場所で正しいものに○をつけてください。

〈時 間〉　1分

〈解 答〉　①左端　②真ん中　③左から2番目

［2020年度出題］

学習のポイント

この問題も前問同様に常識分野の問題です。前問と違う点をあげるならば、そのものの知識だけでなく、もう一歩踏み込んだ知識が求められるところです。①②は理科的な問題といえます。カブトムシや魚が棲息している場所を答えます。③の問題は①②と違って、ホウキをしまう場所を答えます。これは「知識」というよりは志願者がきちんと掃除をしているのかどうかも観られている問題と言えます。つまり、保護者の方が志願者をきちんと躾をしているかどうか観ている問題とも言えるでしょう。

【おすすめ問題集】
Ｊｒ・ウォッチャー11「いろいろな仲間」、12「日常生活」、27「理科」、30「生活習慣」、55「理科②」

問題49　分野：運動

〈準 備〉　フープ、ゴムひも、カラーコーン

〈問 題〉　この問題は絵を参考にしてください。
【サーキット運動】
①ケンパーで進む。
②片足立ち（やめの合図があるまで）。
③連続でゴムとび。
④ジグザグに並べられたカラーコーンにタッチ。

〈時 間〉　適宜

〈解 答〉　省略

［2020年度出題］

学習のポイント

運動で１番大切なのは、運動神経でも、体力でもありません。もし、それらの力を測りたいのであれば、もっと高度な課題になっていくでしょう。小学校入試での運動の課題は、特別なトレーニングをしなくてもできるレベルのものがほとんどです。逆に言えば、できて当然というものなので、課題ができるかどうかで差がつくことはほとんどありません。差がつくのは、取り組む姿勢です。簡単だからといって手を抜いたり、指示を聞かずに始めてしまったりすれば、課題ができていたとしてもマイナス評価になります。つまり、選ぶためではなく、落とすための評価という側面が強いので、課題に取り組む姿勢を重視するようにしてください。

【おすすめ問題集】
新 運動テスト問題集、Ｊｒ・ウォッチャー28「運動」

問題50　分野：制作・行動観察

〈準備〉　クレヨン、のり、Ａ６サイズ程度の画用紙、Ａ６サイズ程度の厚紙

〈問題〉　**この問題の絵はありません。**
①画用紙に好きな動物の絵を描いてください。
②描き終わったら、のりで厚紙に貼ってください。
③先ほど描いた動物のものまねをしてください。
④ほかのお友だちは何の動物のものまねかを当ててください。

〈時間〉　適宜

〈解答〉　省略

［2020年度出題］

学習のポイント

レクリエーション的な要素の強い行動観察です。絵のうまさや、ものまねのうまさが評価されるということではないので、単純に楽しく遊ぶという姿勢でよいと思います。自分が動物のものまねをする時には一生懸命やって、お友だちがやっている時には積極的に当てにいきましょう。難しく考えないで、楽しむことも必要です。ただ、楽しみすぎてふざけてしまっては、マイナスの評価につながってしまうので注意しましょう。行動観察においては、「積極的に参加する」「指示をちゃんと聞く」ということがしっかりできていれば、それほど細かなことを気にしなくても問題ありません。「あれをしてはダメ」「これをしてはダメ」と言ってしばりつけてしまうと、積極的に行動できなくなってしまうので注意しましょう。

【おすすめ問題集】
新 口頭試問・個別テスト問題集、新 ノンペーパーテスト問題集、
Ｊｒ・ウォッチャー23「切る・貼る・塗る」、24「絵画」

問題51　分野：親子面接

〈準 備〉　なし

〈問 題〉　この問題の絵はありません。

【保護者】
・本校を選んだ理由をお聞かせください。
・ご家庭で災害のご準備などはされていますか。
・本校では剣道の授業がありますが問題ありませんか。
・お子さまが成長されたなと思ったのはどんな時ですか。
・星野学園の説明会や公開授業で感じたことをお聞かせください。

【志願者】
・お名前を教えてください。
・生年月日を教えてください。
・幼稚園（こども園など）の担任の先生の名前を教えてください。
・将来、どのような人になりたいですか。それはなぜですか。
・夏休みに楽しかったことは何ですか。具体的に教えてください。

〈時 間〉　約10分

〈解 答〉　省略

［2020年度出題］

学習のポイント

当校の面接では、志望理由や説明会、公開授業で感じたこと以外にも家庭での災害の準備や入学後に行われる授業について聞かれました。特に剣道の授業について聞かれることは、当校の教育方針にもつながってくるものなので、しっかりと答えられるようにしておきましょう。入試に面接が含まれる学校では、学校の教育方針をどのように考えているのか、よく聞かれます。少しでも学校の雰囲気や教育方針を知るためには、必ず公開授業や説明会に参加するようにしましょう。というのも、学校によっては参加した回数を数えているところもあるからです。またそういった学校では、大半が公開行事の感想を求めてきます。

【おすすめ問題集】
新 小学校受験の入試面接Q＆A、家庭で行う面接テスト問題集、
保護者のための面接最強マニュアル

☆星野学園小学校

問題３８－１

①

②

③

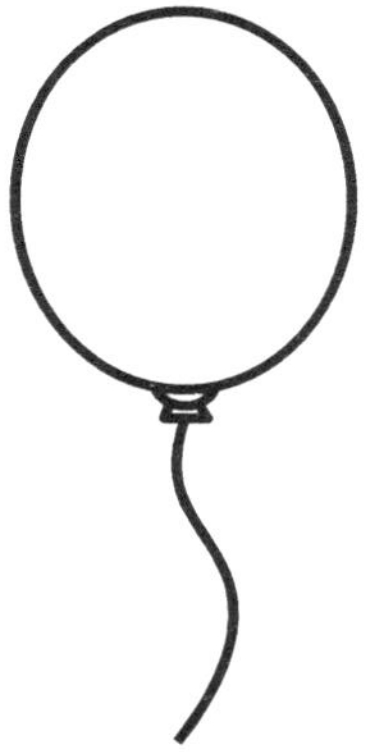

問題３８−２

④

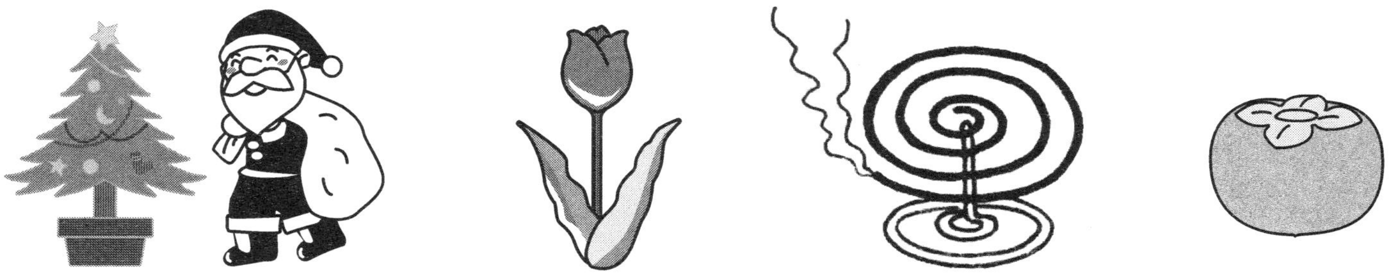

⑤

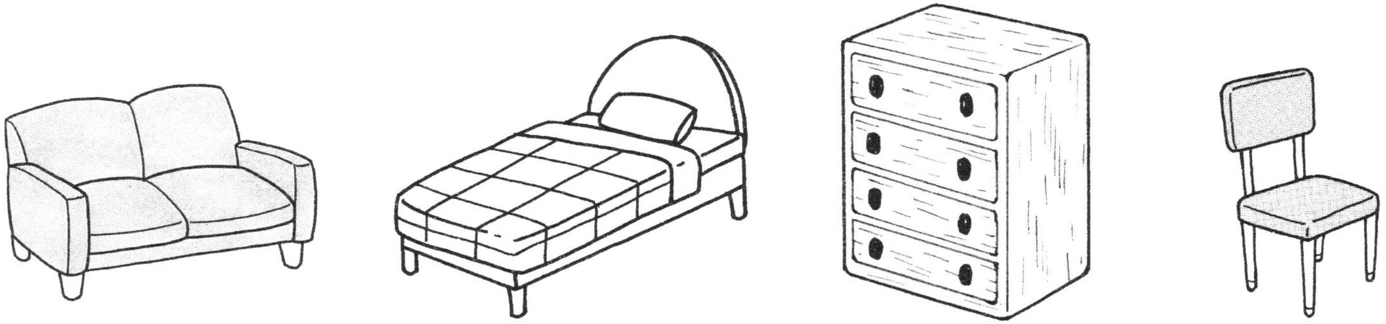

⑥

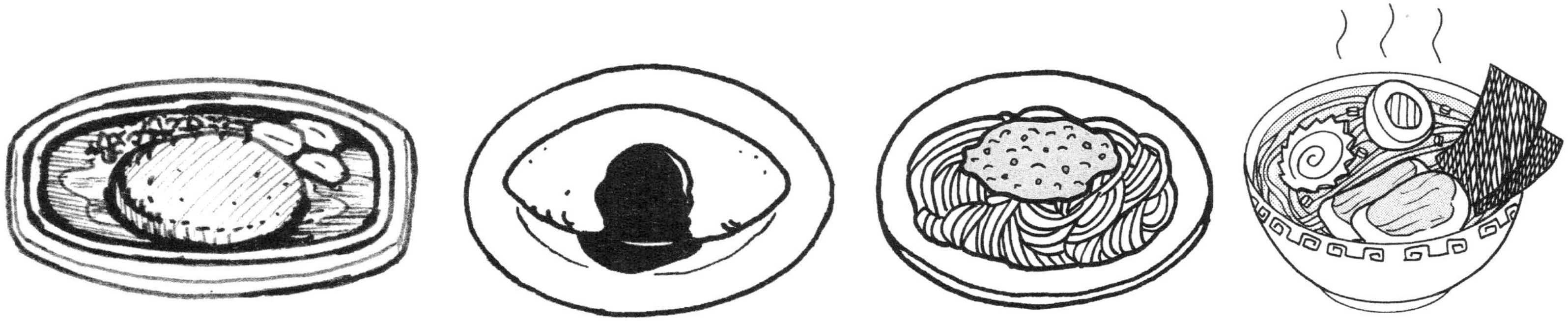

　

日本学習図書株式会社

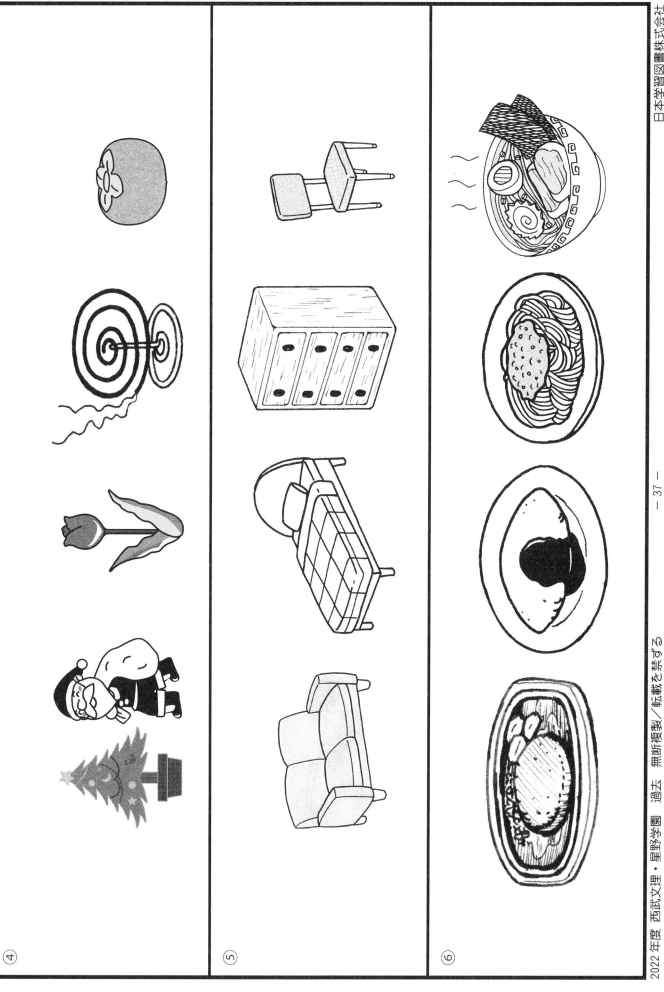

☆星野学園小学校

問題３９

①

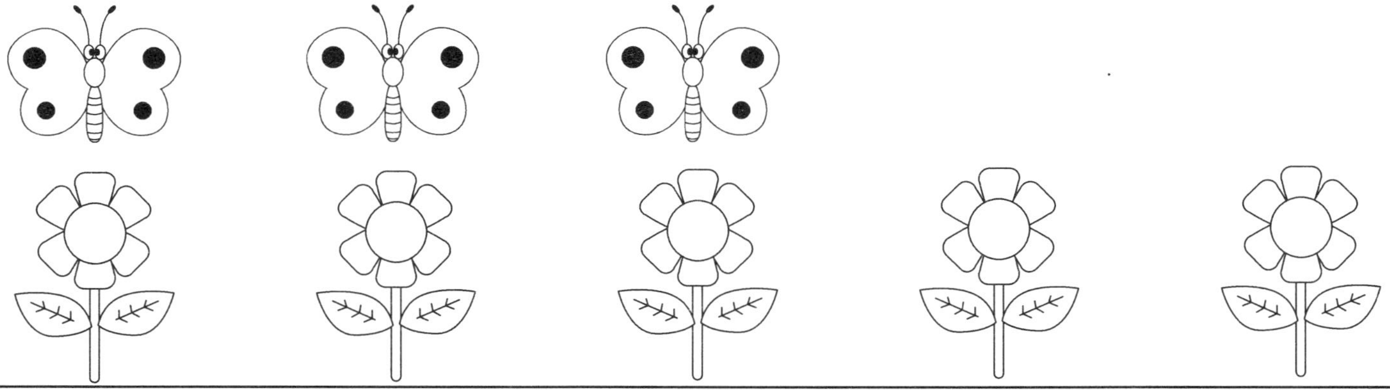

②

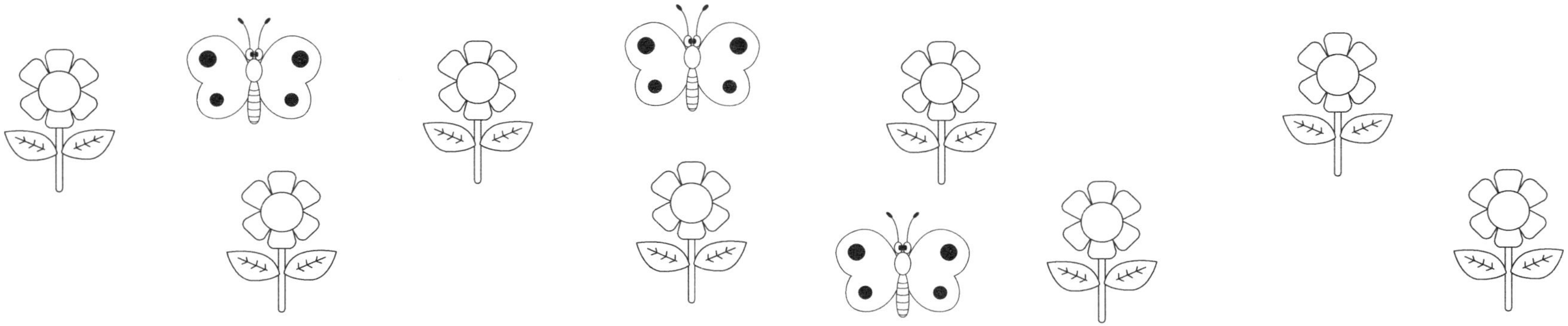

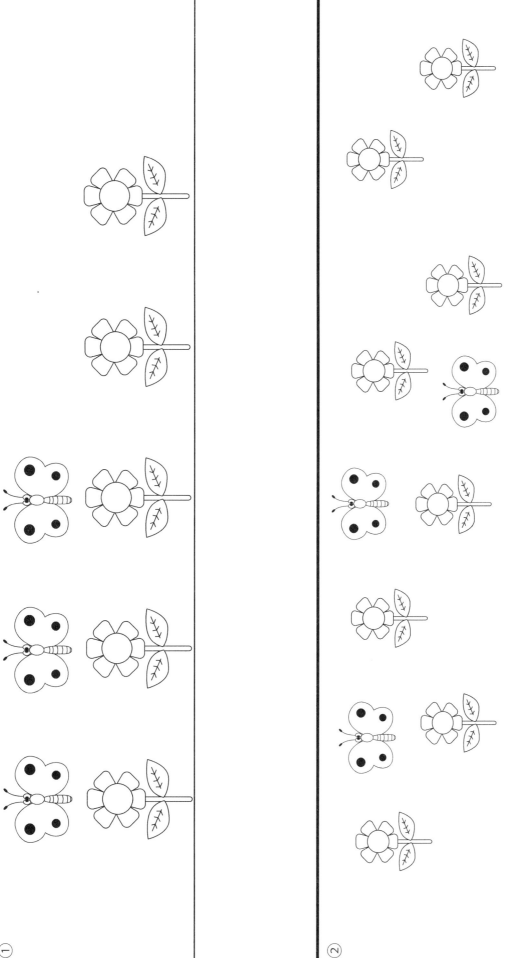

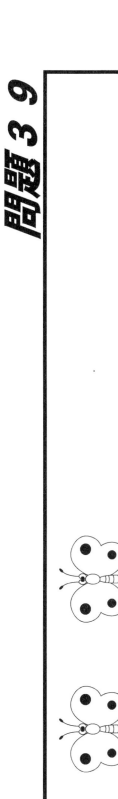

問題４０

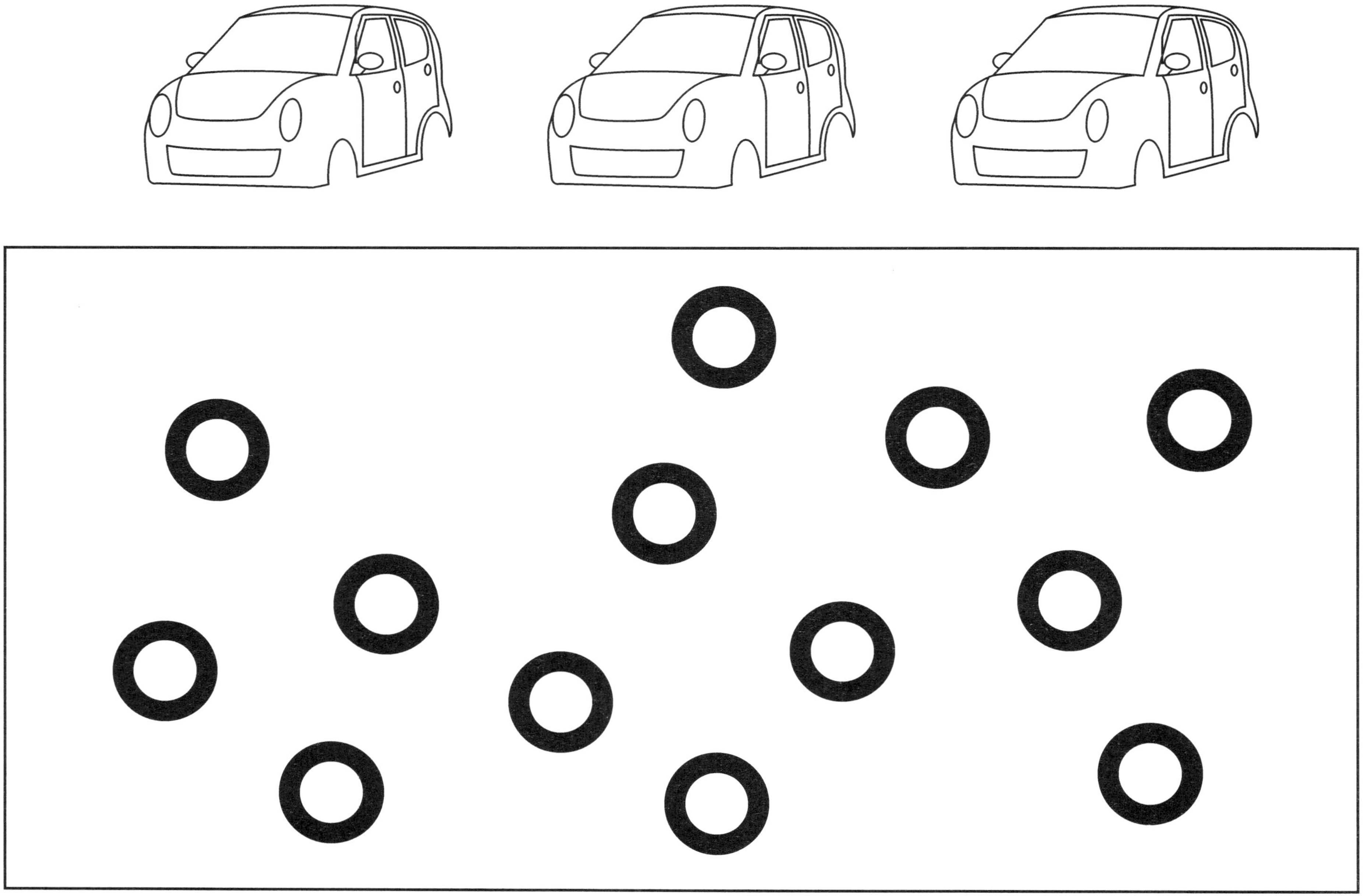

☆星野学園小学校

2022 年度 西武文理・星野学園 過去 無断複製／転載を禁ずる　　日本学習図書株式会社

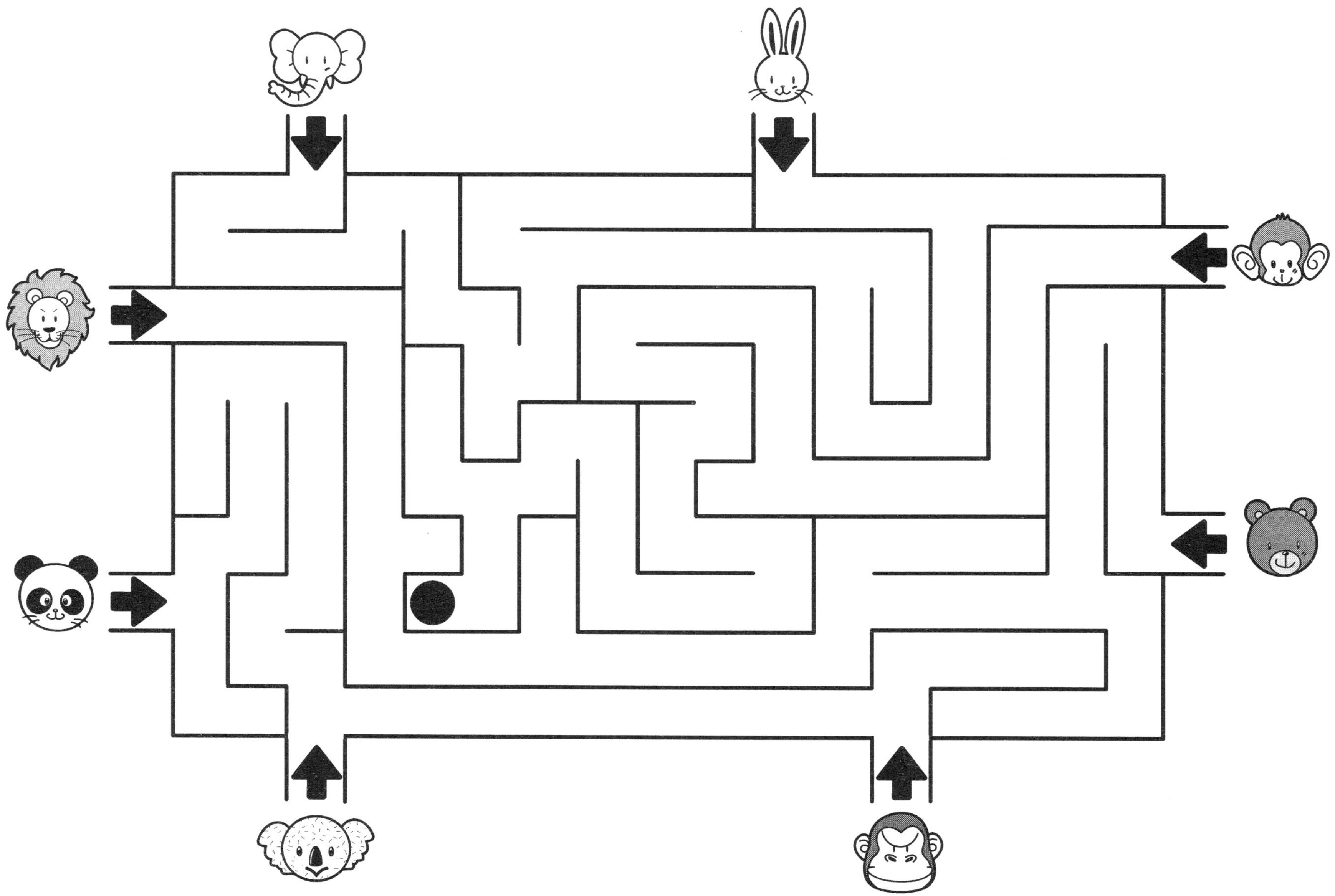

☆星野学園小学校

問題４２

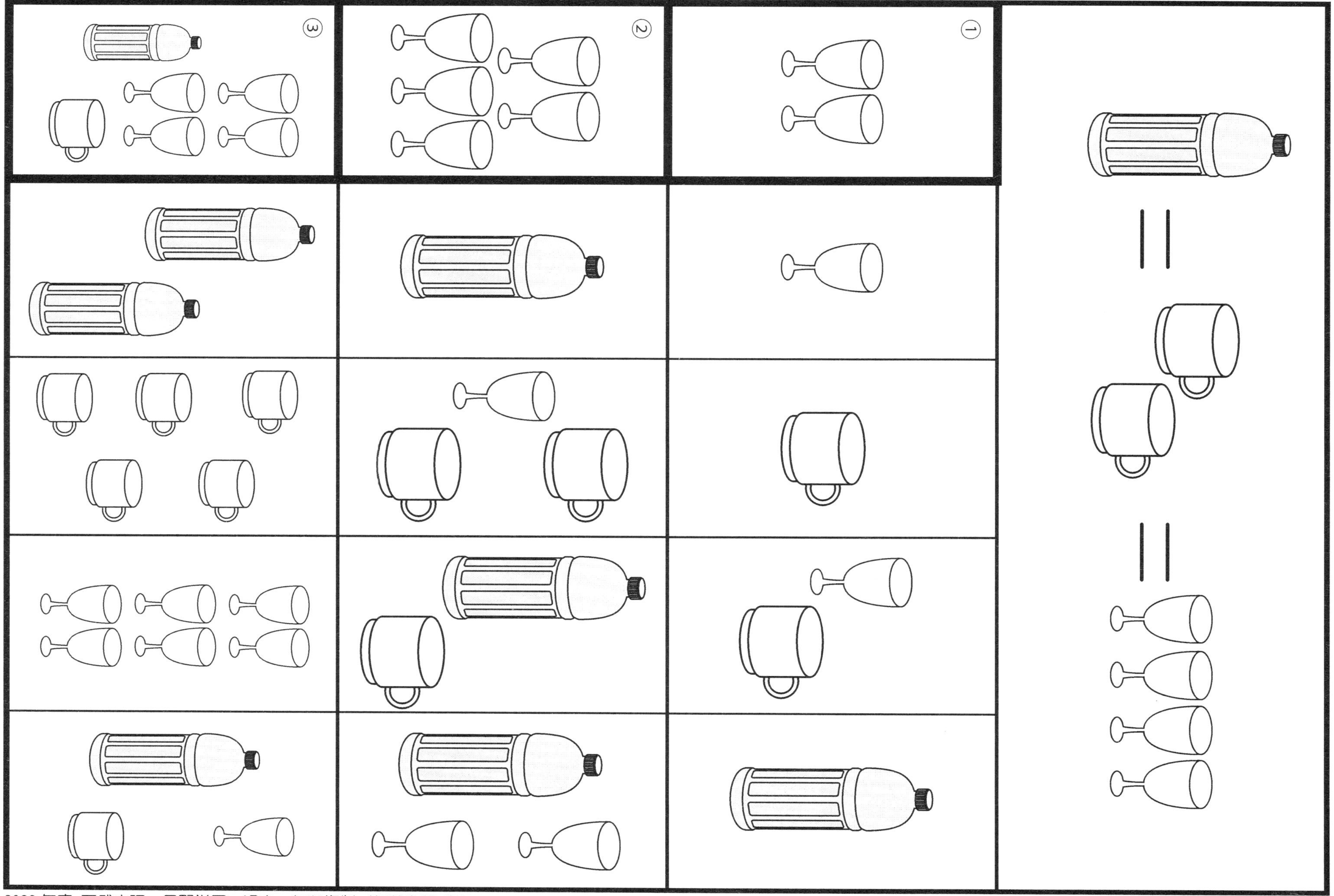

問題43

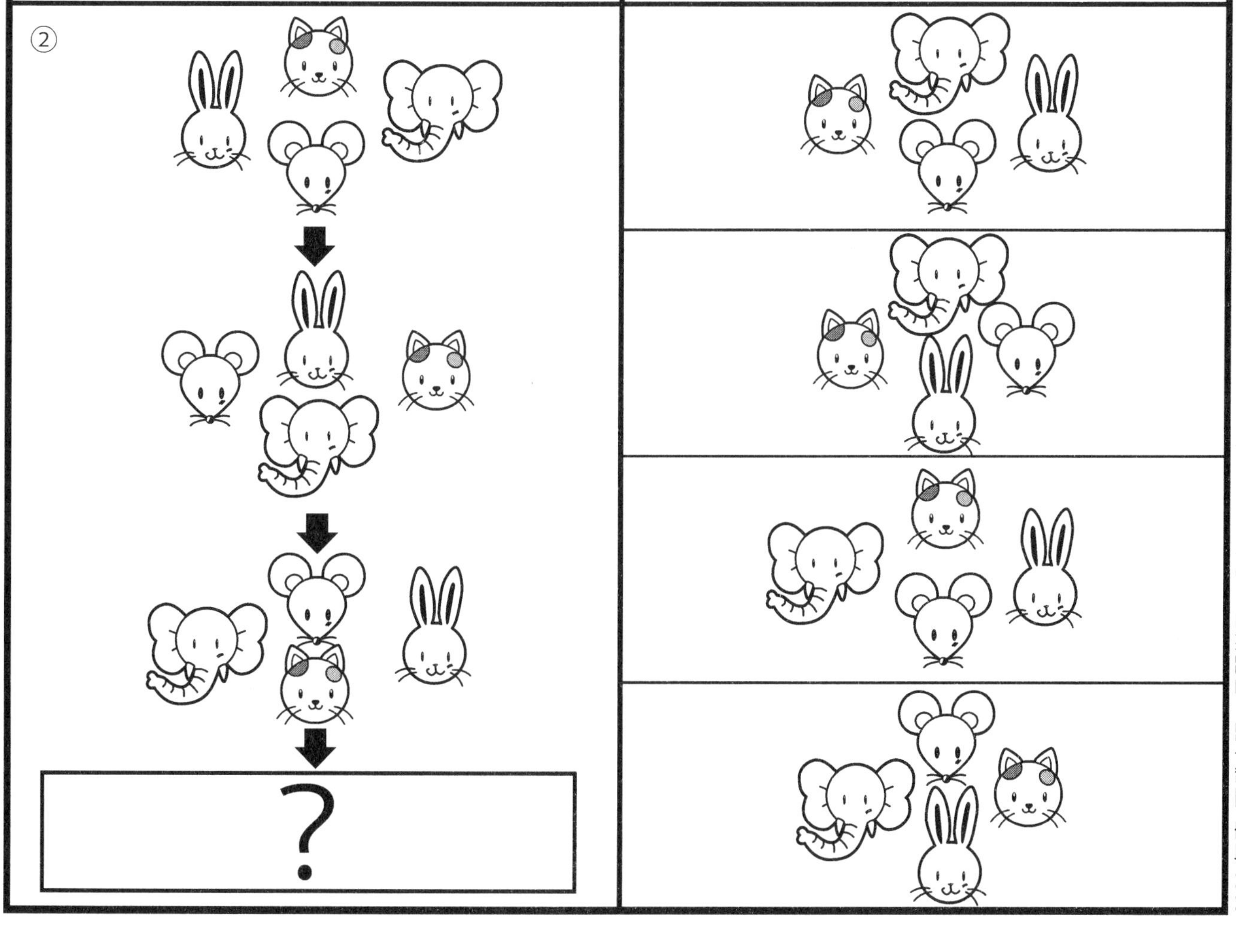

☆星野学園小学校

① ②

日本学習図書株式会社

2022年度　西武文理・星野学園　過去　無断複製／転載を禁ずる

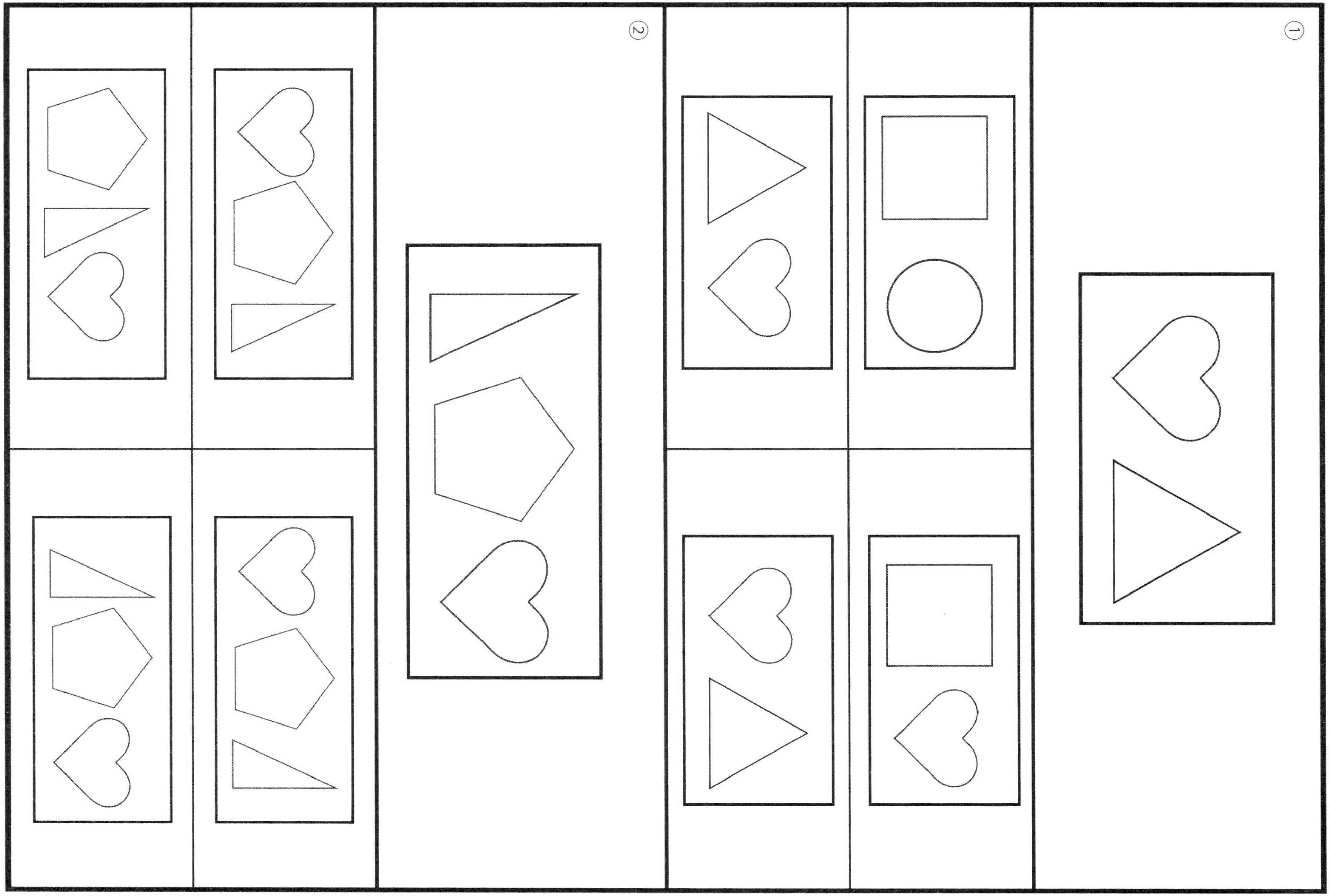

☆星野学園小学校　2022年度　西武文理・星野学園　過去　無断複製／転載を禁ずる　日本学習図書株式会社

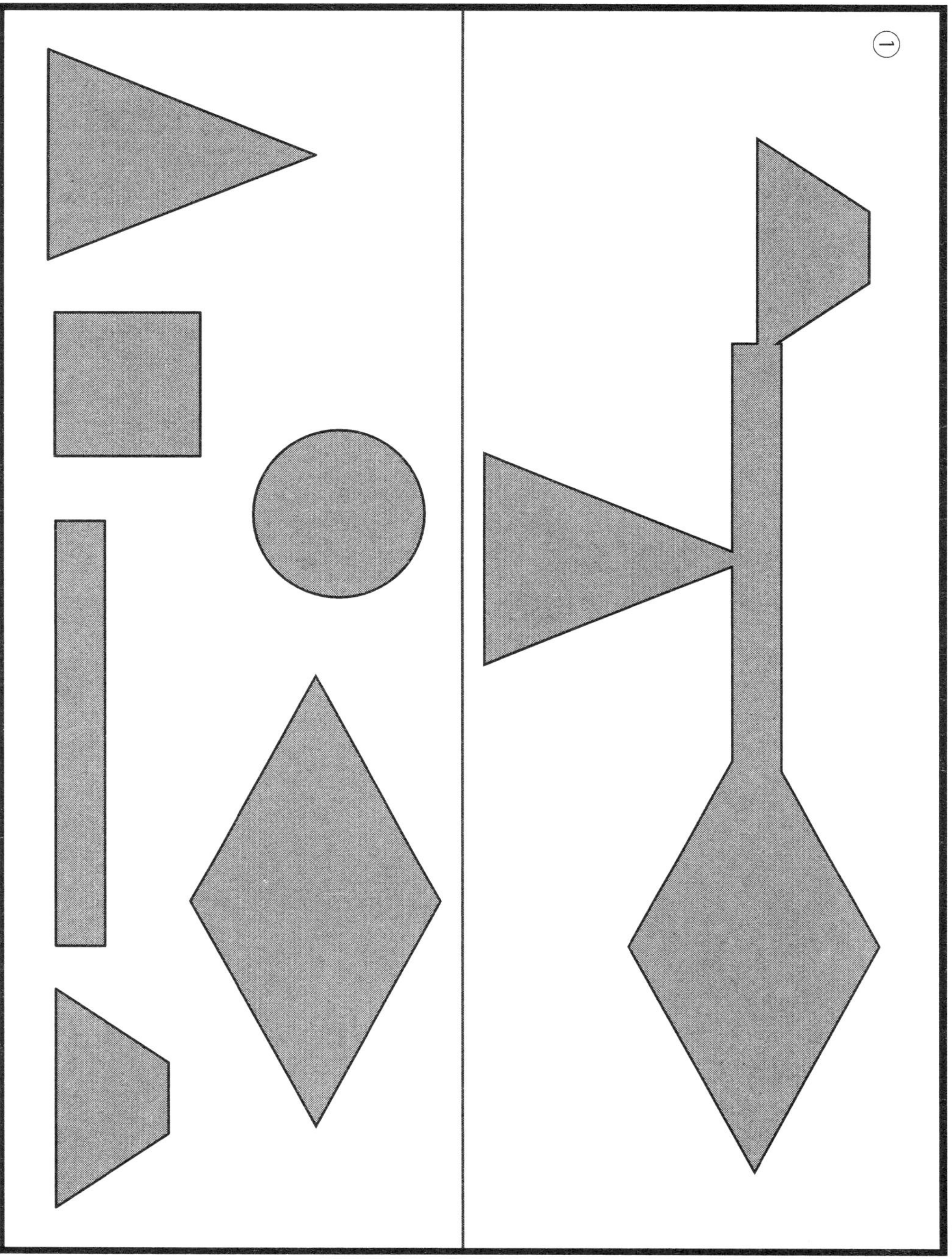

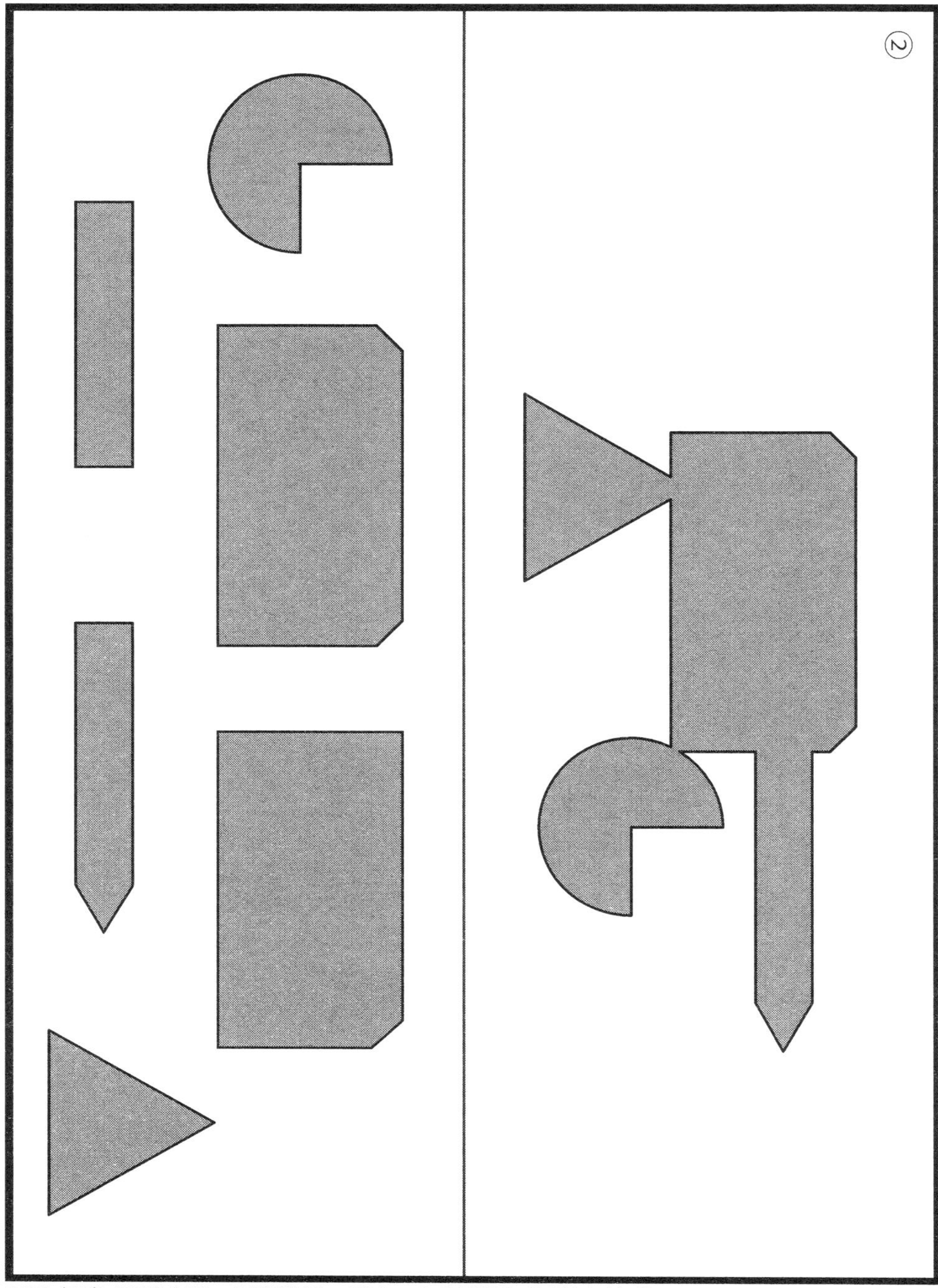

①

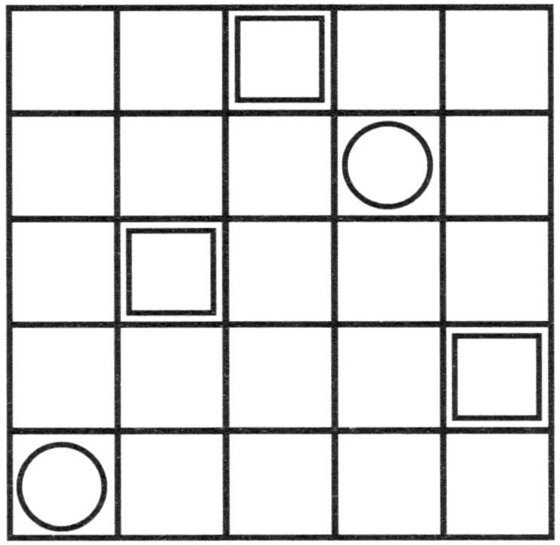

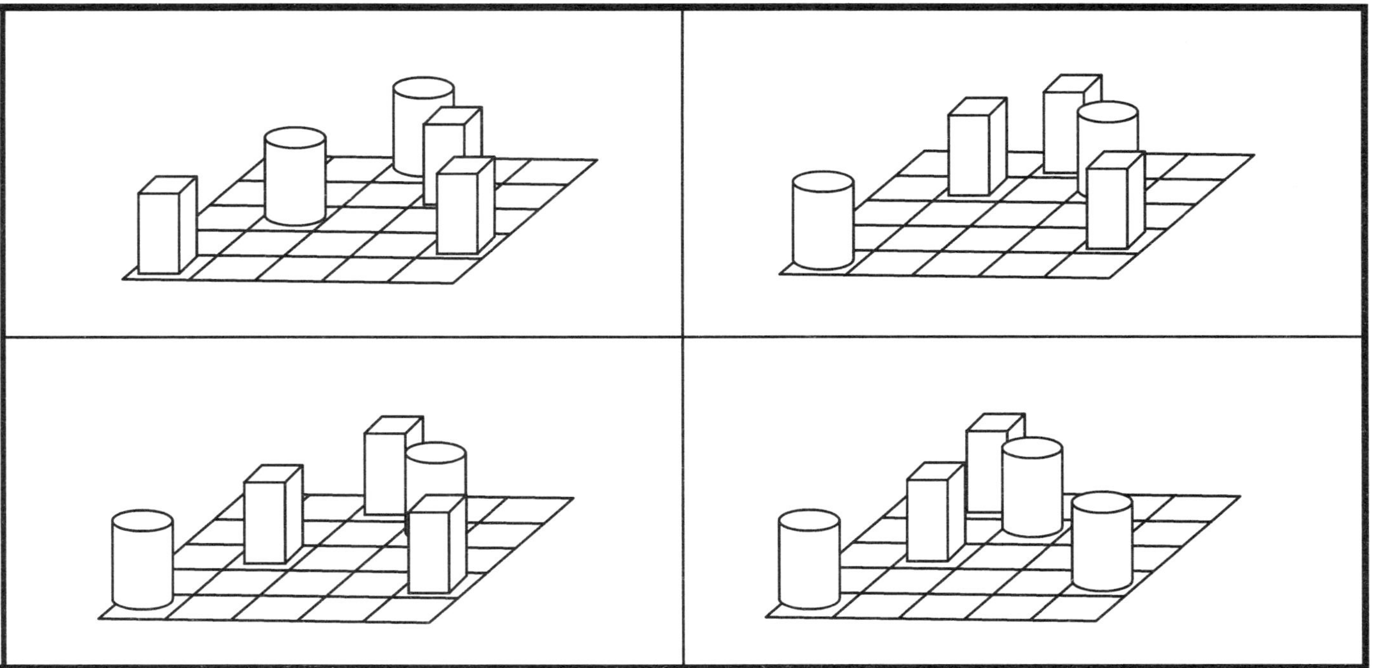

②

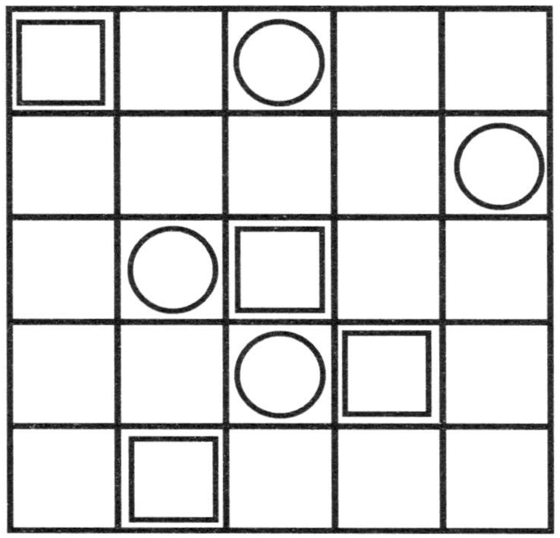

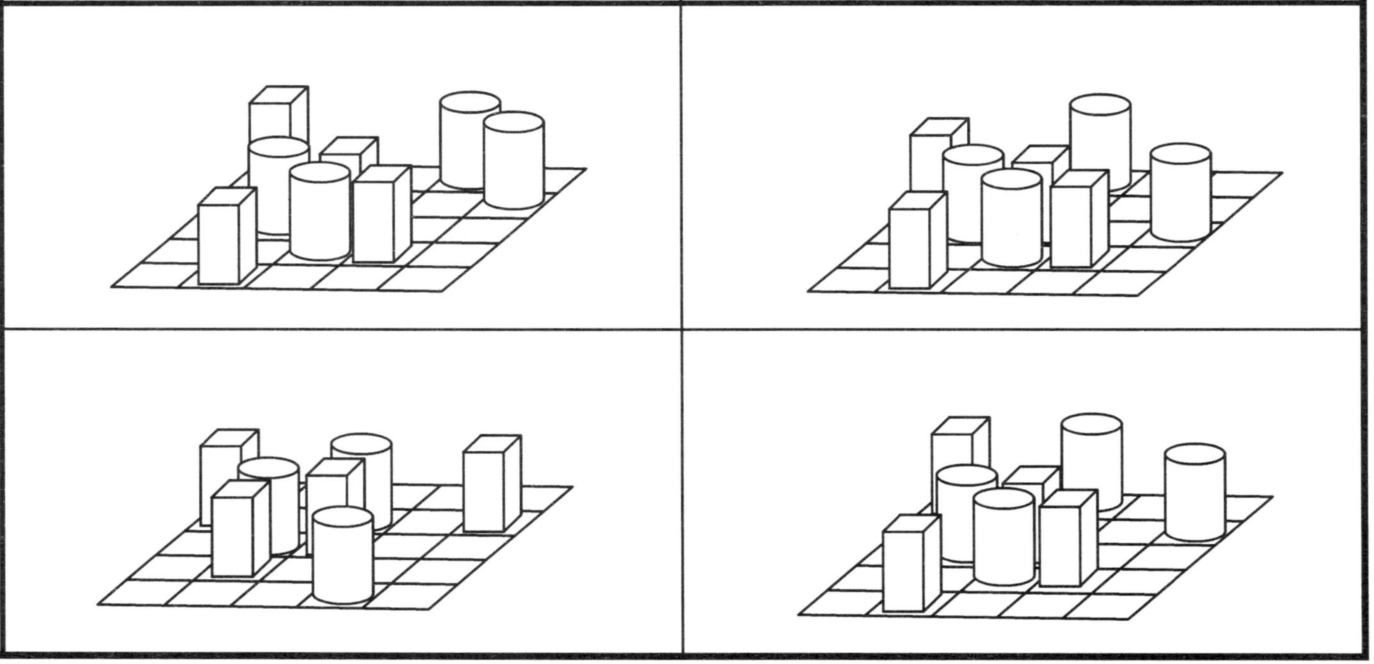

☆星野学園小学校

問題47

①

②

③

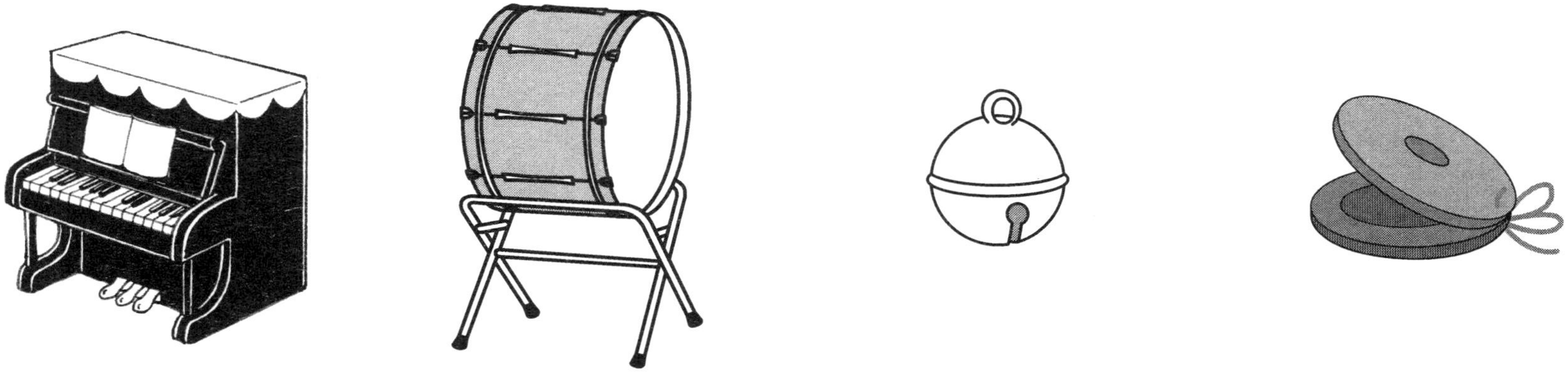

☆星野学園小学校

問題４８

①

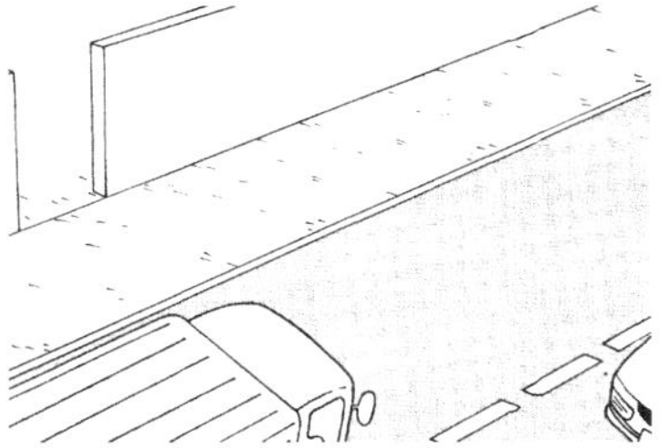

②

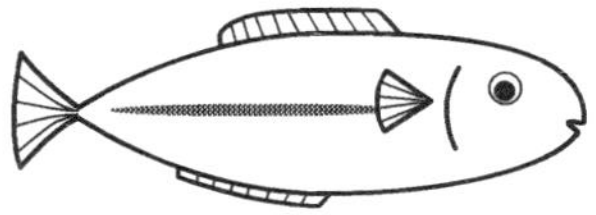

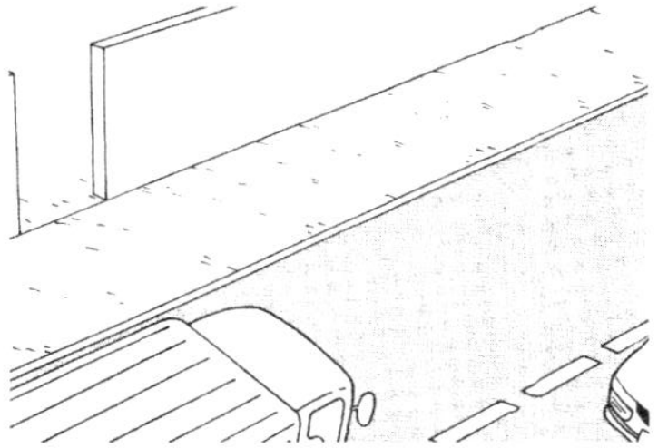

③

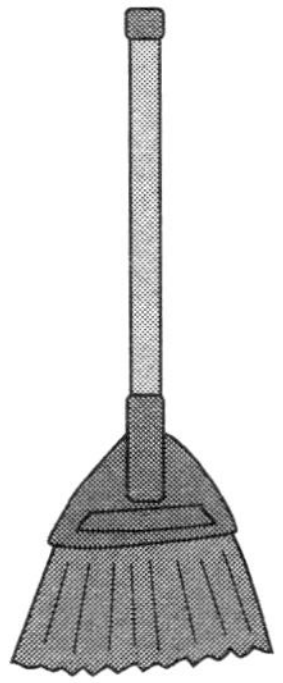

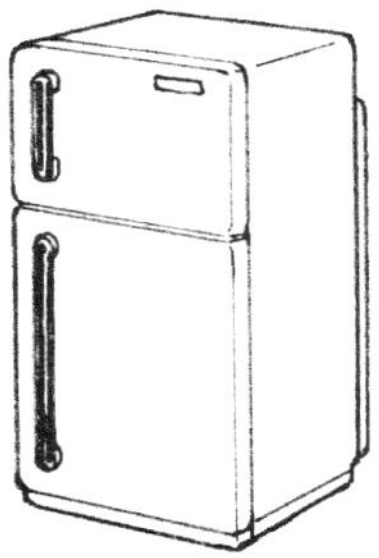

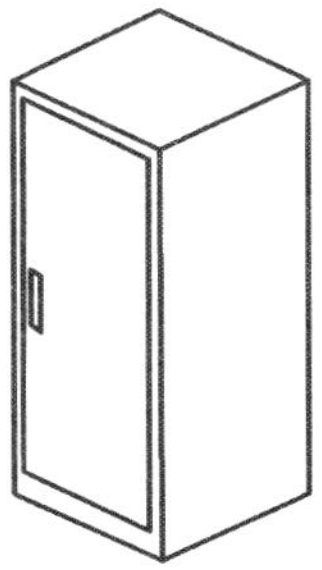

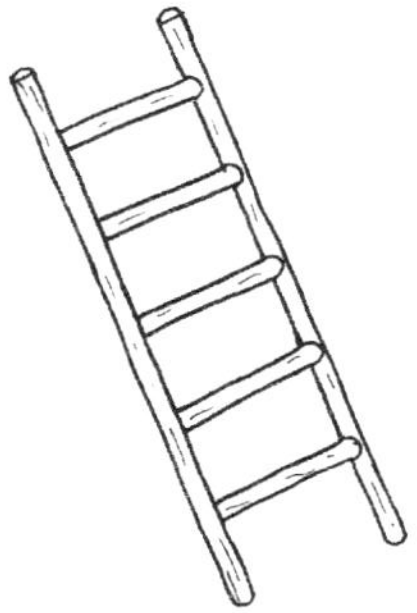

問題４９

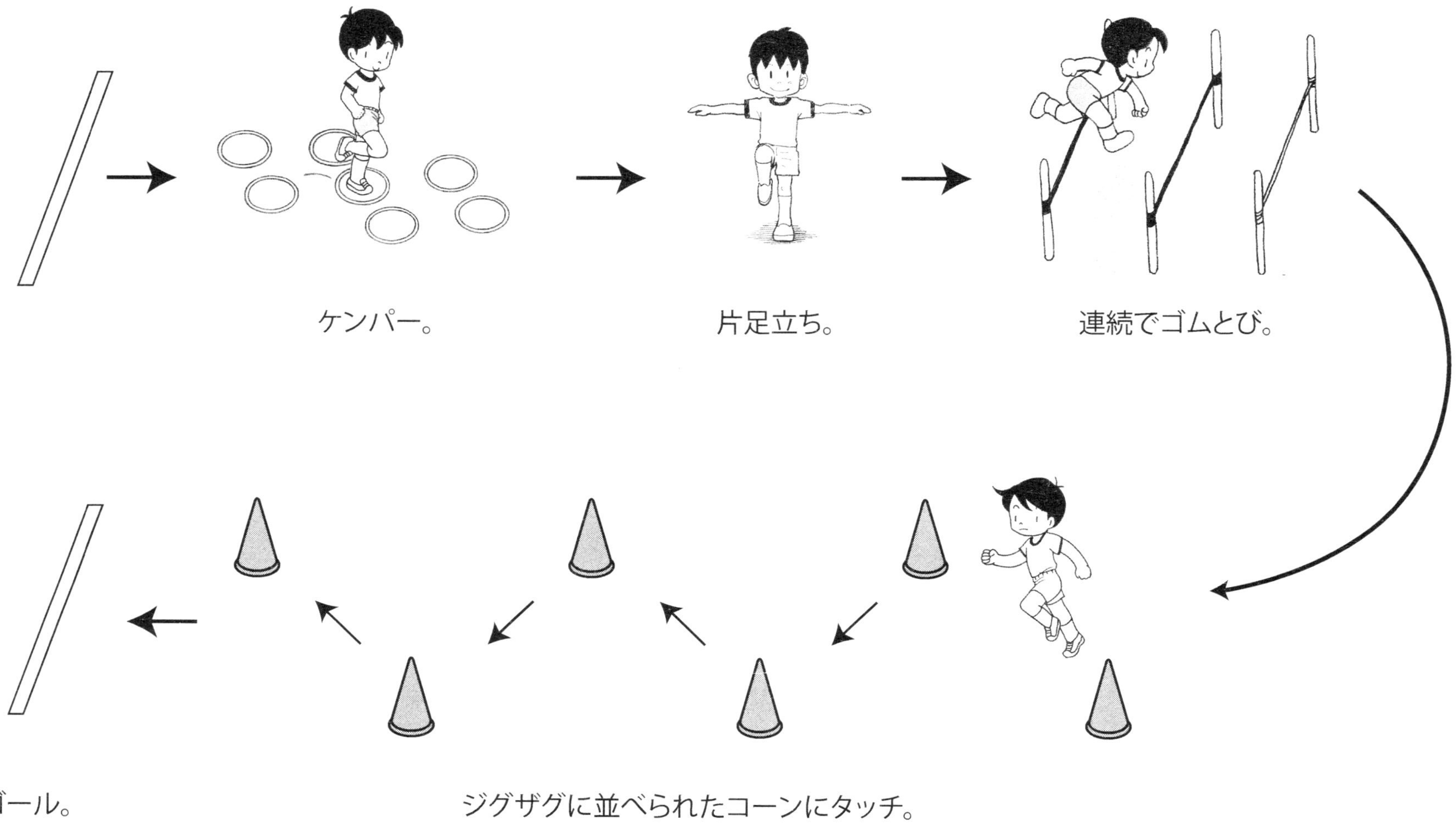

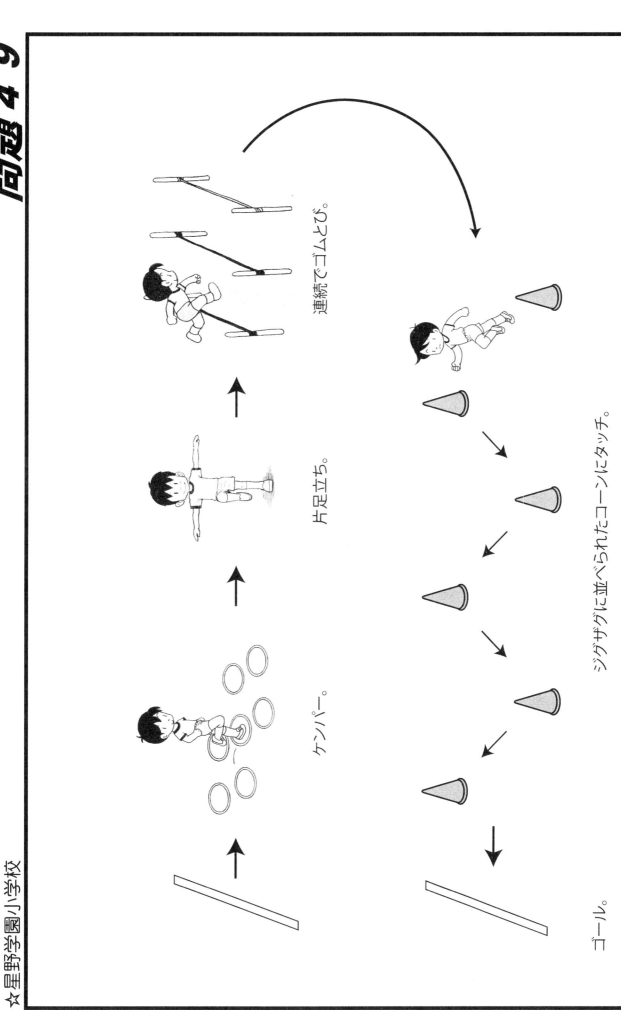

星野学園小学校　専用注文書

年　月　日

合格のための問題集ベスト・セレクション

＊入試頻出分野ベスト３

1st 図　形　観察力　思考力

2nd 常　識　知　識　公　衆

3rd 数　量　観察力　集中力

問題数が多く出題分野も幅広いので、当校に特化した対策はとりにくいですが、難しい問題は多くありません。基礎的な問題を確実に解けるようにしていくことが１番の対策と言えるでしょう。

分野	書　名	価格(税込)	注文	分野	書　名	価格(税込)	注文
図形	Ｊｒ・ウォッチャー 2「座標」	1,650 円	冊	数量	Ｊｒ・ウォッチャー 37「選んで数える」	1,650 円	冊
推理	Ｊｒ・ウォッチャー 6「系列」	1,650 円	冊	数量	Ｊｒ・ウォッチャー 42「一対多の対応」	1,650 円	冊
推理	Ｊｒ・ウォッチャー 7「迷路」	1,650 円	冊	数量	Ｊｒ・ウォッチャー 44「見えない数」	1,650 円	冊
図形	Ｊｒ・ウォッチャー 9「合成」	1,650 円	冊	図形	Ｊｒ・ウォッチャー 45「図形分割」	1,650 円	冊
推理	Ｊｒ・ウォッチャー 10「四方からの観察」	1,650 円	冊	図形	Ｊｒ・ウォッチャー 47「座標の移動」	1,650 円	冊
常識	Ｊｒ・ウォッチャー 11「いろいろな仲間」	1,650 円	冊	図形	Ｊｒ・ウォッチャー 48「鏡図形」	1,650 円	冊
常識	Ｊｒ・ウォッチャー 12「日常生活」	1,650 円	冊	図形	Ｊｒ・ウォッチャー 54「図形の構成」	1,650 円	冊
数量	Ｊｒ・ウォッチャー 14「数える」	1,650 円	冊	常識	Ｊｒ・ウォッチャー 55「理科②」	1,650 円	冊
推理	Ｊｒ・ウォッチャー 15「比較」	1,650 円	冊	推理	Ｊｒ・ウォッチャー 57「置き換え」	1,650 円	冊
巧緻性	Ｊｒ・ウォッチャー 23「切る・貼る・塗る」	1,650 円	冊	推理	Ｊｒ・ウォッチャー 58「比較②」	2,200 円	冊
常識	Ｊｒ・ウォッチャー 27「理科」	1,650 円	冊		1話5分の読み聞かせお話集①・②	1,980 円	各　冊
観察	Ｊｒ・ウォッチャー 29「行動観察」	1,650 円	冊		お話の記憶問題集 中級編・上級編	2,200 円	各　冊
常識	Ｊｒ・ウォッチャー 30「生活習慣」	1,650 円	冊		新 運動テスト問題集	2,420 円	冊
推理	Ｊｒ・ウォッチャー 31「推理思考」	1,650 円	冊		新 小学校受験の入試面接Ｑ＆Ａ	2,860 円	冊

合計	冊	円

(フリガナ) 氏　名	電　話 ＦＡＸ E-mail
住 所　〒　　－	以前にご注文されたことはございますか。 有　・　無

★お近くの書店、または記載の電話・FAX・ホームページにてご注文をお受けしております。
電話：03-5261-8951　FAX：03-5261-8953　代金は書籍合計金額＋送料がかかります。
※なお、落丁・乱丁以外の理由による商品の返品・交換には応じかねます。

★ご記入頂いた個人に関する情報は、当社にて厳重に管理致します。なお、ご購入の商品発送の他に、当社発行の書籍案内、書籍に関する調査に使用させて頂く場合がございますので、予めご了承ください。

日本学習図書株式会社
http://www.nichigaku.jp

図書カード 1000 円分プレゼント

ご記入日 令和　　年　　月　　日

☆国・私立小学校受験アンケート☆

※可能な範囲でご記入下さい。選択肢は○で囲んで下さい。

〈小学校名〉＿＿＿＿＿＿＿＿＿＿　〈お子さまの性別〉男・女　〈誕生月〉＿＿月

〈その他の受験校〉（複数回答可）＿＿＿＿＿＿＿＿＿＿

〈受験日〉①：　　月　　日〈時間〉　　時　　分　～　　時　　分

②：　　月　　日〈時間〉　　時　　分　～　　時　　分

〈受験者数〉男女計＿＿名（男子＿＿名　女子＿＿名）

〈お子さまの服装〉＿＿＿＿＿＿＿＿＿＿

〈入試全体の流れ〉（記入例）準備体操→行動観察→ペーパーテスト

＿＿＿＿＿＿＿＿＿＿

Eメールによる情報提供

日本学習図書では、Eメールでも入試情報を募集しております。

下記のアドレスに、アンケートの内容をご入力の上、メールをお送り下さい。

ojuken@nichigaku.jp

●行動観察（例）好きなおもちゃで遊ぶ・グループで協力するゲームなど

〈実施日〉　　月　　日〈時間〉　　時　　分　～　　時　　分〈着替え〉□有　□無

〈出題方法〉□肉声　□録音　□その他（　　　　）〈お手本〉□有　□無

〈試験形態〉□個別　□集団（　　人程度）　〈会場図〉

〈内容〉

□自由遊び

＿＿＿＿＿＿＿＿＿＿

□グループ活動

＿＿＿＿＿＿＿＿＿＿

□その他

＿＿＿＿＿＿＿＿＿＿

●運動テスト（有・無）（例）跳び箱・チームでの競争など

〈実施日〉　　月　　日〈時間〉　　時　　分　～　　時　　分〈着替え〉□有　□無

〈出題方法〉□肉声　□録音　□その他（　　　　）〈お手本〉□有　□無

〈試験形態〉□個別　□集団（　　人程度）　〈会場図〉

〈内容〉

□サーキット運動

□走り　□跳び箱　□平均台　□ゴム跳び

□マット運動　□ボール運動　□なわ跳び

□クマ歩き

□グループ活動＿＿＿＿＿＿＿＿＿＿

□その他＿＿＿＿＿＿＿＿＿＿

日本学習図書株式会社

●知能テスト・口頭試問

〈実施日〉 ____月____日 〈時間〉 ____時____分 ～ ____時____分 〈お手本〉□有 □無

〈出題方法〉 □肉声 □録音 □その他（　　　　　　） 〈問題数〉 ____枚 ____問

分野	方法	内　容	詳　細・イ　ラ　ス　ト
（例） お話の記憶	☑筆記 □口頭	動物たちが待ち合わせをする話	（あらすじ） 動物たちが待ち合わせをした。最初にウサギさんが来た。次にイヌくんが、その次にネコさんが来た。最後にタヌキくんが来た。 （問題・イラスト） ３番目に来た動物は誰か 
お話の記憶	□筆記 □口頭		（あらすじ） （問題・イラスト）
図形	□筆記 □口頭		
言語	□筆記 □口頭		
常識	□筆記 □口頭		
数量	□筆記 □口頭		
推理	□筆記 □口頭		
その他	□筆記 □口頭		

●制作　（例）ぬり絵・お絵かき・工作遊びなど

〈実施日〉＿＿月＿＿日〈時間〉＿＿時＿＿分　～　時＿＿分

〈出題方法〉□肉声　□録音　□その他（　　　　　　）〈お手本〉□有　□無

〈試験形態〉□個別　□集団（　　　人程度）

材料・道具	制作内容
□ハサミ □のり（□つぼ □液体 □スティック） □セロハンテープ □鉛筆 □クレヨン（　色） □クーピーペン（　色） □サインペン（　色）□ □画用紙（□ A4 □ B4 □ A3 □その他：　　　　　） □折り紙 □新聞紙 □粘土 □その他（　　　　　）	□切る　□貼る　□塗る　□ちぎる　□結ぶ　□描く　□その他（　　　　　） タイトル：＿＿＿＿＿＿＿＿＿＿

●面接

〈実施日〉＿＿月＿＿日〈時間〉＿＿時＿＿分　～　時＿＿分〈面接担当者〉＿＿名

〈試験形態〉□志願者のみ（　）名　□保護者のみ　□親子同時　□親子別々

〈質問内容〉

※試験会場の様子をご記入下さい。

□志望動機　□お子さまの様子

□家庭の教育方針

□志望校についての知識・理解

□その他（　　　　　　　　）

（詳　細）

・

・

・

・

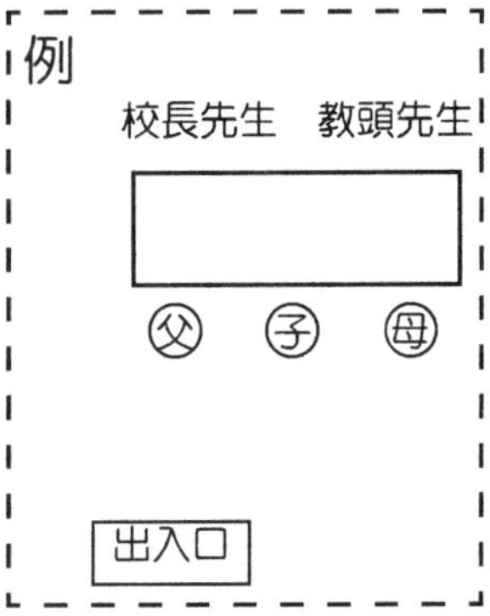

●保護者作文・アンケートの提出（有・無）

〈提出日〉□面接直前　□出願時　□志願者考査中　□その他（　　　　　　）

〈下書き〉□有　□無

〈アンケート内容〉

（記入例）当校を志望した理由はなんですか（150 字）

●**説明会**（□有　□無）**〈開催日〉**　　月　　日　**〈時間〉**　　時　　分　～　　時　　分

〈上履き〉　□要　□不要　**〈願書配布〉**　□有　□無　**〈校舎見学〉**　□有　□無

〈ご感想〉

●**参加された学校行事**（複数回答可）

公開授業〈開催日〉　　月　　日　〈時間〉　　時　　分　～　　時　　分

運動会など〈開催日〉　　月　　日　〈時間〉　　時　　分　～　　時　　分

学習発表会・音楽会など〈開催日〉　　月　　日　〈時間〉　　時　　分　～　　時　　分

〈ご感想〉

※是非参加したほうがよいと感じた行事について

●**受験を終えてのご感想、今後受験される方へのアドバイス**

※対策学習（重点的に学習しておいた方がよい分野）、当日準備しておいたほうがよい物など

＊＊＊＊＊＊＊＊＊＊＊＊＊　ご記入ありがとうございました　＊＊＊＊＊＊＊＊＊＊＊＊＊

必要事項をご記入の上、ポストにご投函ください。

なお、本アンケートの送付期限は入試終了後３ヶ月とさせていただきます。また、入試に関する情報の記入量が当社の基準に満たない場合、謝礼の送付ができないことがございます。あらかじめご了承ください。

ご住所：〒

お名前：　　　　メール：

ＴＥＬ：　　　　ＦＡＸ：

ご記入頂いた個人に関する情報は、当社にて厳重に管理致します。弊社の個人情報取り扱いに関する詳細は、www.nichigaku.jp/policy.php の「個人情報の取り扱い」をご覧下さい。

分野別 小学入試練習帳 ジュニアウォッチャー

1．点・線図形	小学校入試で出題頻度の高い『点・線図形』の模写を、難易度の低いものから段階別に幅広く練習することができるように構成。
2．座標	図形の位置模写という作業を、難易度の低いものから段階別に練習できるように構成。
3．パズル	様々なパズルの問題を難易度の低いものから段階別に練習できるように構成。
4．同図形探し	小学校入試で出題頻度の高い、同図形選びの問題を繰り返し練習できるように構成。
5．回転・展開	図形などを回転、または展開したとき、形がどのように変化するかを学習し、理解を深められるように構成。
6．系列	数、図形などの様々な系列問題を、難易度の低いものから段階別に練習できるように構成。
7．迷路	迷路の問題を繰り返し練習できるように構成。
8．対称	対称に関する問題を4つのテーマに分類し、各テーマごとに問題を段階別に練習できるように構成。
9．合成	図形の合成に関する問題を、難易度の低いものから段階別に練習できるように構成。
10．四方からの観察	もの（立体）を様々な角度から見て、どのように見えるかを推理する問題を段階別に整理し、1つの形式で複数の問題を練習できるように構成。
11．いろいろな仲間	ものや動物、植物の共通点を見つけ、分類していく問題を中心に構成。
12．日常生活	日常生活における様々な問題を6つのテーマに分類し、各テーマごとに一つの問題形式で複数の問題を練習できるように構成。
13．時間の流れ	『時間』に着目し、様々なものごとは、時間が経過するとどのように変化するのかということを学習し、理解できるように構成。
14．数える	様々なものを『数える』ことから、数の多少の判定やかけ算、わり算の基礎までを練習できるように構成。
15．比較	比較に関する問題を5つのテーマ（数、高さ、長さ、量、重さ）に分類し、各テーマごとに問題を段階別に練習できるように構成。
16．積み木	数える対象を積み木に限定した問題集。
17．言葉の音遊び	言葉の音に関する問題を5つのテーマに分類し、各テーマごとに問題を段階別に練習できるように構成。
18．いろいろな言葉	表現力をより豊かにするいろいろな言葉として、擬態語や擬声語、同音異義語、反意語、数詞を取り上げた問題集。
19．お話の記憶	お話を聴いてその内容を記憶、理解し、設問に答える形式の問題集。
20．見る記憶・聴く記憶	「見て憶える」「聴いて憶える」という『記憶』分野に特化した問題集。
21．お話作り	いくつかの絵を元にしてお話を作る練習をして、想像力を養うことができるように構成。
22．想像画	描かれてある形や景色に好きな絵を描くことにより、想像力を養うことができるように構成。
23．切る・貼る・塗る	小学校入試で出題頻度の高い、はさみやのりなどを用いた巧緻性の問題を繰り返し練習できるように構成。
24・絵画	小学校入試で出題頻度の高い、お絵かきやぬり絵などクレヨンやクーピーペンを用いた巧緻性の問題を繰り返し練習できるように構成。
25．生活巧緻性	小学校入試で出題頻度の高い日常生活の様々な場面における巧緻性の問題集。
26．文字・数字	ひらがなの清音、濁音、拗音、拗長音、促音と1～20までの数字に焦点を絞り、練習できるように構成。
27．理科	小学校入試で出題頻度が高くなりつつある理科の問題を集めた問題集。
28．運動	出題頻度の高い運動問題を種目別に分けて構成。
29．行動観察	項目ごとに問題提起をし、「このような時はどうか、あるいはどう対処するのか」の観点から問いかける形式の問題集。
30．生活習慣	学校から家庭に提起された問題と思って、一問一問絵を見ながら話し合い、考える形式の問題集。

31．推理思考	数、量、言語、常識（含理科、一般）など、諸々のジャンルから問題を構成し、近年の小学校入試問題傾向に沿って構成。
32．ブラックボックス	箱や筒の中を通ると、どのようなお約束でどのように変化するかを推理・思考する問題集。
33．シーソー	重さの違うものをシーソーに乗せた時どちらに傾くのか、またどうすればシーソーは釣り合うのかを思考する基礎的な問題集。
34．季節	様々な行事や植物などを季節別に分類できるように知識をつける問題集。
35．重ね図形	小学校入試で頻繁に出題されている「図形を重ね合わせてできる形」についての問題を集めました。
36．同数発見	様々な物を数え「同じ数」を発見し、数の多少の判断や数の認識の基礎を学べるように構成した問題集。
37．選んで数える	数の学習の基本となる、いろいろなものの数を正しく数える学習を行う問題集。
38．たし算・ひき算1	数字を使わず、たし算とひき算の基礎を身につけるための問題集。
39．たし算・ひき算2	数字を使わず、たし算とひき算の基礎を身につけるための問題集。
40．数を分ける	数を等しく分ける問題です。等しく分けたときに余りが出るものもあります。
41．数の構成	ある数がどのような数で構成されているか学んでいきます。
42．一対多の対応	一対一の対応から、一対多の対応まで、かけ算の考え方の基礎学習を行います。
43．数のやりとり	あげたり、もらったり、数の変化をしっかりと学びます。
44．見えない数	指定された条件から数を導き出します。
45．図形分割	図形の分割に関する問題集。パズルや合成の分野にも通じる様々な問題を集めました。
46．回転図形	「回転図形」に関する問題集。やさしい問題から始め、いくつかの代表的なパターンから、段階を踏んで学習できるよう編集されています。
47．座標の移動	「マス目の指示通りに移動する問題」と「指示された数だけ移動する問題」を収録。
48．鏡図形	鏡で左右反転させた時の見え方を考えます。平面図形から立体図形、文字、絵まで。
49．しりとり	すべての学習の基礎となる「言葉」を学ぶこと、特に「語彙」を増やすことに重点をおき、さまざまなタイプの「しりとり」問題を集めました。
50．観覧車	観覧車やメリーゴーラウンドなどを舞台にした「回転系列」の問題集。「推理思考」分野の問題ですが、要素として「図形」や「数量」も含みます。
51．運筆①	鉛筆の持ち方を学び、点線なぞり、お手本を見ながらの模写で、線を引く練習をします。
52．運筆②	運筆①からさらに発展し、「欠所補完」や「迷路」などを楽しみながら、より複雑な鉛筆運びを習得することを目指します。
53．四方からの観察 積み木編	積み木を使用した「四方からの観察」に関する問題を練習できるように構成。
54．図形の構成	見本の図形がどのような部分によって形づくられているかを考えます。
55．理科②	理科的知識に関する問題を集中して練習する「常識」分野の問題集。
56．マナーとルール	道路や駅、公共の場でのマナー、安全や衛生に関する常識を学べるように構成。
57．置き換え	さまざまな具体的・抽象的事象を記号で表す「置き換え」の問題を扱います。
58．比較②	長さ・高さ・体積・数などを数学的な知識を使わず、論理的に推測する「比較」の問題を練習できるように構成。
59．欠所補完	線と線のつながり、欠けた絵に当てはまるものなどを求める「欠所補完」に取り組める問題集です。
60．言葉の音（おん）	しりとり、決まった順番の音をつなげるなど、「言葉の音」に関する問題に取り組める練習問題集です。

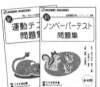

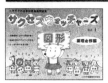

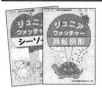

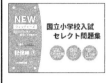

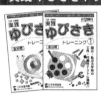

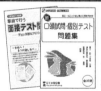

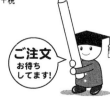

『読み聞かせ』×『質問』＝『聞く力』

お話の記憶の練習に最適

1話5分の
読み聞かせお話集①②

「アラビアン・ナイト」「アンデルセン童話」「イソップ寓話」「グリム童話」、日本や各国の民話、昔話、偉人伝の中から、教育的な物語や、過去に小学校入試でも出題された有名なお話を中心に掲載。お話ごとに、内容に関連したお子さまへの質問も掲載しています。「読み聞かせ」を通して、お子さまの『聞く力』を伸ばすことを目指します。

①巻・②巻　各 48 話

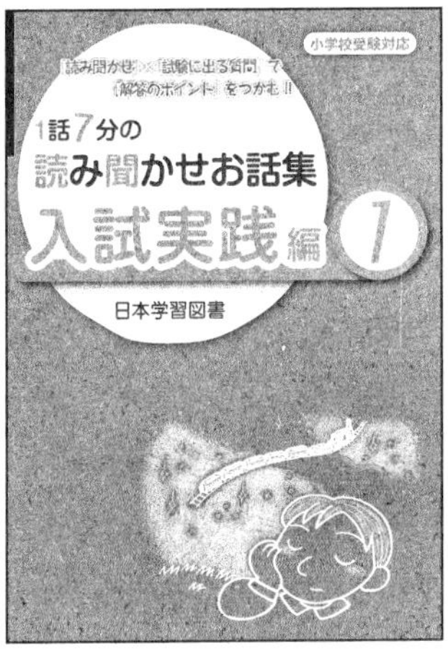

1話7分の読み聞かせお話集
入試実践編①

国立・私立小学校受験対応

最長 1,700 文字の長文のお話を掲載。有名でない＝「聞いたことのない」お話を聞くことで、『集中力』のアップを目指します。設問も、実際の試験を意識した設問としています。ペーパーテスト実施校の多くが「お話の記憶」の問題を出題します。毎日の「読み聞かせ」と「試験に出る質問」で、「解答のポイント」をつかんで臨みましょう！

50 話収録

ニチガクの　この５冊で受験準備も万全！

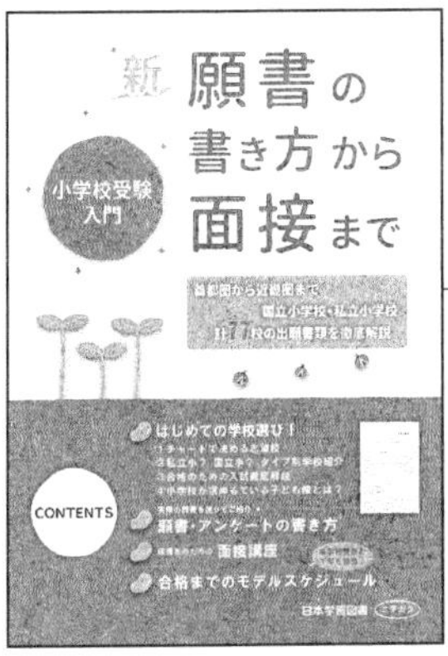

小学校受験入門
願書の書き方から面接まで　リニューアル版

主要私立・国立小学校の願書・面接内容を中心に、学校選びや入試の分野傾向、服装コーディネート、持ち物リストなども網羅し、受験準備全体をサポートします。

小学校受験で
知っておくべき
125のこと

小学校受験の基本から怪しい「ウワサ」まで、保護者の方々からの 125 の質問にていねいに解答。目からウロコのお受験本。

新　小学校受験の
入試面接Ｑ＆Ａ　リニューアル版

過去十数年に遡り、面接での質問内容を網羅。小学校別、父親・母親・志願者別、さらに学校のこと・志望動機・お子さまについてなど分野ごとに模範解答例やアドバイスを掲載。

新　願書・アンケート
文例集 500　リニューアル版

有名私立小、難関国立小の願書やアンケートに記入するための適切な文例を、質問の項目別に収録。合格を掴むためのヒントが満載！願書を書く前に、ぜひ一度お読みください。

小学校受験に関する
保護者の悩みＱ＆Ａ

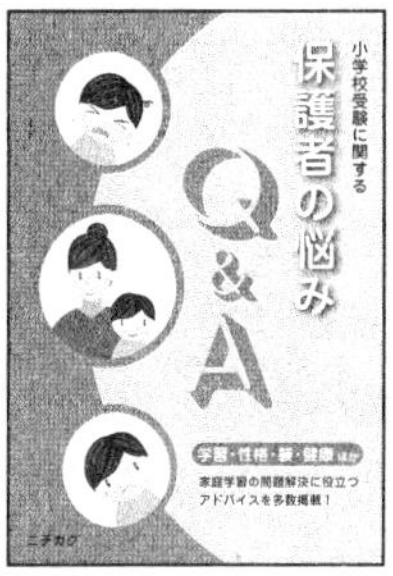

保護者の方約 1,000 人に、学習・生活・躾に関する悩みや問題を取材。その中から厳選した 200 例以上の悩みに、「ふだんの生活」と「入試直前」のアドバイス２本立てで悩みを解決。

日本学習図書株式会社

家庭学習をトータルサポート！ ニチガクのオリジナル 効果的 学習法

1 まずは アドバイスページを読む！

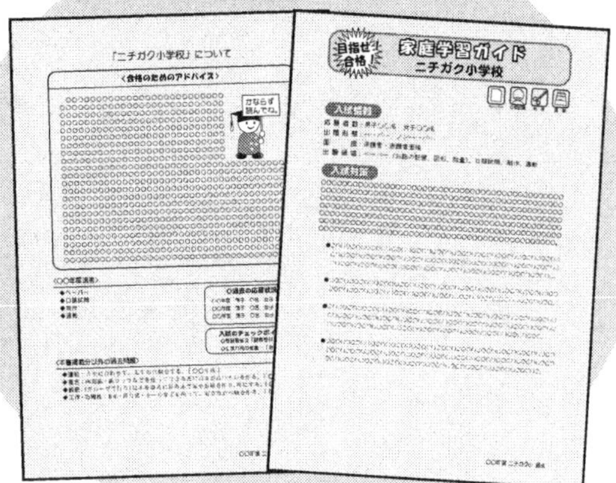

ピンク色です

対策や試験ポイントがぎっしりつまった「家庭学習ガイド」。しっかり読んで、試験の傾向をおさえよう！

2 問題をすべて読み、出題傾向を把握する

3 「学習のポイント」で学校側の観点や問題の解説を熟読

4 はじめて過去問題にチャレンジ！

5 プラスα 対策問題集や類題で力を付ける

過去問のこだわり

最新問題は問題ページ、イラストページ、解答・解説ページが独立しており、お子さまにすぐに取り掛かっていただける作りになっています。

ニチガクの学校別問題集ならではの、学習法を含めたアドバイスを利用して効率のよい家庭学習を進めてください。

各問題のジャンル

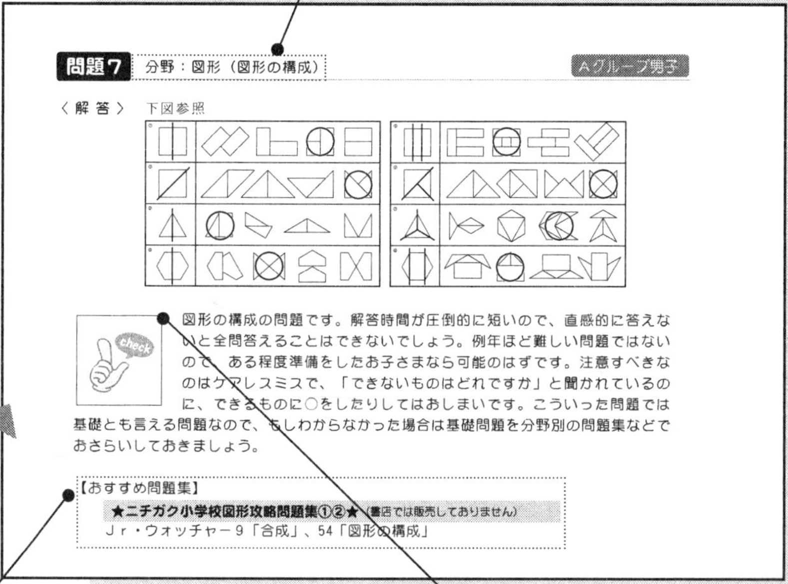

図形の構成の問題です。解答時間が圧倒的に短いので、直感的に答えないと全問答えることはできないでしょう。例年ほど難しい問題ではないので、ある程度準備をしたお子さまなら可能のはずです。注意すべきなのはケアレスミスで、「できないものはどれですか」と聞かれているのに、できるものに○をしたりしてはおしまいです。こういった問題では基礎とも言える問題なので、もしわからなかった場合は基礎問題を分野別の問題集などでおさらいしておきましょう。

【おすすめ問題集】
★ニチガク小学校図形攻略問題集①②★（書店では販売しておりません）
Jr・ウォッチャー9「合成」、54「図形の構成」

学習のポイント

各問題の解説や学校の観点、指導のポイントなどを教えます。
今日から保護者の方が家庭学習の先生に！

おすすめ対策問題集

分野ごとに対策問題集をご紹介。苦手分野の克服に最適です！
＊専用注文書付き。

2022年度版 西武学園文理小学校・星野学園小学校
過去問題集

ISBN978-4-7761-5363-4
C6037 ¥2000E

9784776153634

定価 2,200 円
(本体 2,000 円 + 税 10%)

1926037020004

発行日 2021年8月30日
発行所 〒162-0821 東京都新宿区津久戸町 3-11-9F
日本学習図書株式会社
電　話 03-5261-8951 ㈹

詳細は http://www.nichigaku.jp 日本学習図書 検索